Ulrich Kühn

Wie Gott in unseren Träumen spricht

Ulrich Kühn

Wie Gott in unseren Träumen spricht

2. überarbeitete und ergänzte Auflage

benno

Die 1. Auflage des Buches erschien unter dem Titel
„Träume – die vergessene Sprache Gottes" 2003 im
Verlag Brockhaus, Wuppertal.

Bibliografische Information der Deutschen Nationalbibliothek
Die Deutsche Nationalbibliothek verzeichnet diese Publikation
in der Deutschen Nationalbibliografie; detaillierte bibliografische
Daten sind im Internet über http://dnb.d-nb.de abrufbar.

Besuchen Sie uns im Internet:
www.st-benno.de

Gern informieren wir Sie unverbindlich und aktuell auch in unserem
Newsletter zum Verlagsprogramm, zu Neuerscheinungen und
Aktionen. Einfach anmelden unter www.vivat.de.

ISBN 978-3-7462-6651-0

© St. Benno Verlag GmbH, Leipzig
Umschlaggestaltung: Karen Münch-Thornton, München
Covermotiv: © stock.adobe.com/Rodel
Gesamtherstellung: Ufer Verlagsherstellung, Leipzig (A)

Inhaltsverzeichnis

Anstelle eines Vorwortes zur zweiten Auflage 9

Vorwort zur ersten Auflage 11

1. Mir hat geträumt heut' Nacht 15
1.1. Monikas Traum 15
1.2. Woher kommen die Träume? 20
1.3. (Über-)Lebenswichtige Träume 23
1.4. Warum träumen manche Menschen nicht? 26
1.5. Träumen – leben in einer fremden Welt? 28

2. Welche Aufgaben haben Träume? 32
2.1. Zeigen, was ich zu leben vermeide 32
2.2. Unerledigtes zur Sprache bringen 36
2.3. Einseitige Lebensweise ausgleichen 41
2.4. Konflikte verarbeiten 42
2.5. Werden, der ich sein kann 44
2.6. Getrenntes zusammenfügen 45

3. Kino im Kopf – Was ist ein Traum? 56
3.1. Psychobiologische Aspekte des Träumens 57
3.2. Schlaftiefen und die REM-Phasen 64
3.3. Psychologische Definitionen des Traumes 67

4. Was ist ein Traumsymbol? 69
4.1. Was ist unter einem Symbol zu verstehen? 70
4.2. Zum Umgang mit Traumsymbolen 73
4.3. Subjektive oder allgemeine Bedeutung von Symbolen? . 77

5. Die Seele hält Zwiesprache – Träumen begegnen . 81
5.1. Zusammenhänge wahrnehmen – Sinn erfahren 81
5.2. Träume aufschreiben 83
5.3. Träume erzählen 85
5.4. Sprach- und Wortassoziationen 86
5.5. Konnotation – die Atmosphäre des Wortes 88
5.6. Perspektiven der Traumbetrachtung 89
5.7. Fragen zur Selbstbegegnung mit einem Traum 98

6. Träume in der Bibel 101
6.1. Der Traum markiert einen Wendepunkt 101
6.2. Ein Gott, von dem man nur träumen kann? 104
6.3. Träume – Gottes vergessene Sprache 108
6.4. Der Traum als Ganzheitserfahrung 112

7. Gottes Traumgrammatik – der religiöse Traum ... 115
7.1. Merkmale religiöser Träume 116
7.2. Der religiöse Traum als Glaubenserfahrung 122
7.3. Selbsterfahrung und Gotteserfahrung 124

8. Träumen Sie nach Freud, Adler,
   Jung, Boss oder Perls? 128

8.1. Psychoanalyse nach Sigmund Freud:
   Alles Sexualität?! 128

8.2. Individualpsychologie nach Alfred Adler:
   Was ist das Ziel? 132

8.3. Analytische Psychologie nach Carl Gustav Jung:
   Der Traum kennt den Weg! 133

8.4. Existenzanalyse nach Medard Boss:
   Wem begegne ich? 140

8.5. Gestalttherapie nach Frederick Perls:
   Wachse zur Ganzheit! 143

8.6. Deutungsmodelle im Vergleich 146

Schlussbemerkung 149

Schlusswort: Neues wagen 150

Anhänge 154

Anhang 1 Der Traum als diagnostisches Mittel
in der Seelsorge 154

Anhang 2 Träume und Visionen – Gemeinsamkeiten
und Unterschiede 157

Literaturliste 160

Anmerkungen 164

Anstelle eines Vorwortes zur zweiten Auflage

Nach dem Erscheinen der ersten Auflage schrieb mir eine Leserin, Theologin, wie Gott ihr in einem Traum begegnete. Sie lag nach einem selbstverschuldeten Autounfall, bei dem eine Mitfahrerin ums Leben kam und durch den sie selbst so schwer verletzt wurde, einige Wochen auf der Intensivstation. Sie berichtete aus dieser Zeit:

„Über Tage hin fiel mir nicht ein einziges Bibelwort ein. Ich war richtig verzweifelt, suchte in meinem Gedächtnis – und schwebte ja noch immer hin und her zwischen Wachen und Schlafen. Und dann auf einmal kam mir eine Erinnerung – an meine Kindheit, an den Christenlehreunterricht und an unsere Kinderbibel, die sich „Schild des Glaubens" nannte. Darin waren viele Schwarz-Weiß-Zeichnungen zu finden. Plötzlich sah ich eine vor mir. Ich sah, wie Jesus im langen, weißen Gewand dastand. Er hielt ein Blatt Papier in der Hand und las es. Ihm schräg gegenüber stand ein Jünger. In dem Moment muss ich wohl wieder eingeschlafen sein.

Im Traum war ich auf einmal der Jünger. Ich stand da und schaute auf Jesus. Obwohl ich nicht sehen konnte, was auf dem Blatt stand, wusste ich plötzlich ganz genau: Was Jesus jetzt liest, ist dein ganzes Leben. Da steht alles drauf, alles Gute, was war, aber auch aller Mist, den du schon angestellt hast. Und das liest der jetzt! Und wirklich, Jesus stand und las – konzentriert und aufmerksam, er sagte kein Wort. Ich wurde immer unruhiger, ich hielt es kaum mehr aus, fragte ich mich doch: Was denkt der denn jetzt über dich? Was wird er gleich sagen? Der weiß jetzt alles über dich. Und dann sah ich: Auf einmal hatte Jesus einen Stift in der Hand. Er nahm diesen Stift und machte mit blauer Farbe ein großes Kreuz über das Blatt. Er strich nicht die Zeilen durch oder so – er machte wirklich ein großes Kreuz darüber. Ich empfand auch in diesem Moment: Es ist sein Kreuz. Dann wandte er sich zu mir, beugte sich herab, gab mir das Blatt in die Hand und sagte zwei Sätze: Das ist jetzt alles vorbei. Fang dein Leben neu an.

Dieser Traum blieb so unmittelbar und direkt in mir drin und führte mich dann durch die ganze kommende Zeit. Auch heute noch weiß ich an jedem Morgen, wenn ich aufstehe, und vor jedem Weg, vor jeder Unternehmung, die vielleicht für mich schwer zu schaffen ist: Fang dein Leben neu an. Und dann kann ich mit Mut und Achtsamkeit beginnen – und alles gelingt. Ein Wunder. Und ich habe damals Schritt für Schritt wirklich neu angefangen."

Wetter, Januar 2024

Vorwort zur ersten Auflage

Es ist Freitagabend, halb acht. Alle sind da, sitzen wie üblich mit ihren Instrumenten im Halbkreis. Eine erwartungsvolle Stille macht sich breit, so wie jeden Freitag. Einmal in der Woche trifft sich ein Kreis von etwa zehn bis zwölf Hobbymusikanten mit ihren Blechblasinstrumenten, um miteinander zu proben. Musik macht ihnen nicht nur Spaß, sondern ist für sie auch eine geistliche Angelegenheit. Ein göttlicher Auftrag motiviert ihr Musizieren. Sie wollen zur Ehre Gottes spielen – das vor allem hält die Gruppe zusammen. Deshalb beginnt jede Probe mit der Besinnung auf Gott.

Auch heute soll wieder jemand die Andacht halten. Stille. Man weiß: Einer wird jetzt das Kalenderblatt des heutigen Tages aus seiner Notentasche ziehen. Der Chorleiter schaut in die Runde und fragt: „Wer ist heute eigentlich mit der Andacht dran?" Just in diesem Moment ist es um meine Andacht geschehen. Schlagartig wird mir bewusst: Ich bin dran. Das Einzige, was ich in dieser Peinlichkeit hervorbringe, ist folgender Traum vom Anfang der Woche:

Es ist Freitagabend. Die Chorprobe beginnt. Alle Chormitglieder sitzen im üblichen Halbkreis. Auf die Frage, wer nun mit der Andacht dran sei, stelle ich mit Schrecken fest, dass ich es ja bin.

Obwohl ich den Traum am nächsten Morgen gut erinnerte und mir sagte: Ich sollte mich darum kümmern! Ich folgte meinen Worten nicht, sondern dachte bei mir: Es ist ja noch lange hin bis Freitagabend. Ich habe den Traum, der mir die peinliche Situation ersparen wollte, nicht beachtet. Diese Erfahrung als 17-Jähriger lehrte mich unvergesslich, dass es sehr sinnvoll ist, Träume – insbesondere solche, die warnen – wichtig zu nehmen. Mein Interesse an Träumen war geboren.

Meine nachhaltige Aufmerksamkeit für Träume und mein Bemühen, sie zu verstehen, verdanke ich noch einem zweiten Umstand. Es ist die jedem Bibelleser vertraute Beobachtung, dass Menschen der Heiligen Schrift erlebten, wie Gott ihnen in ihren Träumen begegnete, ja die Geschicke einzelner Menschen und schließlich eines ganzen Volkes durch Traumbilder lenkte. Gott bezieht offenbar das Unbewusste der Menschen in seinen Umgang mit ihnen ein. Mir scheint, dass die Menschen sich seit jenen Tagen nicht grundsätzlich verändert haben und es klug ist, für Träume als Gottes Mitteilungsform offen zu sein.

Gott hat viele Wege, um mit Menschen in Kontakt zu kommen und sich bemerkbar zu machen: eine Predigt, die Bibel als Lektüre, ein Austausch über Texte der Heiligen Schrift, ein Buch oder auch ein Gespräch mit einem vertrauten Menschen. Religiöse Symbole und die Meditation können zu einer Gottesbegegnung hinführen. Darüber hinaus hat mancher vielleicht schon erlebt, wie Gott durch Leid oder durch eine Krankheit zu ihm sprach.

Gott schöpft all diese Möglichkeiten aus, um Menschen nahe zu sein, weil er sich für sie interessiert und alles dafür einsetzt, damit ihr Leben gelingt. Träume – der Weg über das Unbewusste – sind ein Kanal, auf dem Gott seine heilsamen Botschaften sendet. Allerdings verschlüsselt das Unbewusste seine Nachrichten, sodass es hilfreich ist, den Code zu kennen, um sie zu verstehen. Es gibt nach meinem Verständnis theologisch keinen Grund anzunehmen, dass Gott heutzutage auf die Möglichkeit, durch Träume zu reden, verzichtet.

Dieses Buch widmet sich daher im Besonderen der Tatsache, dass Gott sich durch Träume mitteilt. Diese Beobachtung stützt sich auf Hiob 33, 15–18, einen Abschnitt aus der Weisheitsliteratur des Alten Testamentes. Während sie schlafen, schickt Gott den Menschen Träume, um sie vor dem Scheitern ihres Lebens zu bewahren. Hinter den Träumen der Nacht, so möchte Elihu seinem Freund Hiob deutlich machen, steht Gott. Er gibt weise Lebenshilfe durch den Traum.

Da Gott uns näher ist als wir uns selbst, unser Unbewusstes eingeschlossen[1], verstehe ich Träume, auch wenn sie keinen direkt religiösen Inhalt haben, als ein indirektes Reden Gottes. Leider haben wir verlernt, Träume als Anrede Gottes an uns zu hören und als Hinweise für unsere Lebensgestaltung sowie für den Umgang mit uns selbst und mit anderen Menschen wahrzunehmen.

Bei meiner Beschäftigung mit Traumtheorien und Traumdeutungskonzepten fiel mir auf, dass es nicht *die* Methode schlechthin gibt, um Träume zu verstehen. Vielmehr stehe ich als Träumer vor der Herausforderung, Wege des Verstehens zu finden, die ich gehen kann. Die Methode muss zu mir passen. Mit einigen Konzepten konnte ich persönlich nichts anfangen[2]. Andere haben mich nicht überzeugt und scheinen mir nur sehr eingeschränkt anwendbar[3]. Manche Deutungsfolien waren mir zu rational ausgerichtet[4].

Wer professionell Menschen begleitet und berät, steht vor der gleichen Herausforderung. Als Seelsorger, Berater und Therapeut muss ich prüfen, welches Deutungsmuster, welches hermeneutische Modell zu mir und meinem Beratungs- bzw. Therapiestil passt. In diesem Buch stelle ich Verstehenshilfen vor, die sich für mich in der Begegnung mit meinen Träumen sowie in der Traumarbeit bewährt haben. Sie mögen nicht für jeden Leser geeignet sein. Lassen Sie sich darauf ein und stellen Sie für sich selbst fest, ob Sie auf dem beschriebenen Weg Ihren Träumen so begegnen, dass Sie zu Aha-Erlebnissen kommen. Entscheidend ist nicht eine bestimmte Methodik, sondern die Erfahrung und Gewissheit, mir in meinen Träumen selbst begegnet zu sein. Das kann auf verschiedene Weise geschehen.

Immer wieder begegnete mir in Traumseminaren das Bedürfnis nach Orientierung. Es gibt so viele verschiedene psychologische Richtungen. Wie soll man sich da zurechtfinden? Im Kapitel 8 gehe ich auf fünf ausgewählte Verfahren ein und hoffe, dem interessierten Leser den Weg durch den Dschungel der Traumliteratur zu erleichtern. Weiß man, aus welcher Schule ein Autor stammt, kann man ungefähr abschätzen, auf welche Art der Traumdeutung man trifft.

Die verwendeten Träume sind mit ausdrücklicher Erlaubnis der Träumerinnen und Träumer abgedruckt. Nur die Namen wurden verändert. An dieser Stelle ein herzliches Dankeschön allen Klienten und Klientinnen sowie Teilnehmerinnen und Teilnehmern an Traumseminaren, ohne die dieses Buch nicht zustande gekommen wäre. Ihnen und allen, die sich für Träume und deren Bedeutung interessieren sowie ihren Glauben ganzheitlicher leben möchten, ist es gewidmet.

Wenn sowohl Männer als auch Frauen gemeint sind, habe ich mich wegen der besseren Lesbarkeit meist für die maskuline Form entschieden. Ich hoffe auf Verständnis und Nachsicht bei allen Leserinnen und wünschen ihnen und mir, dass sie sich angesprochen fühlen.

1. Mir hat geträumt heut' Nacht

> Was die Gedanken und Gefühle eines Menschen beschäftigt hat, während er wach war, wiederholt sich in seiner Fantasie, wenn er schläft.
> Thomas von Aquin

1.1. Monikas Traum

Monika erzählt:
Ich fahre mit meinem VW-Käfer eine schmale Straße entlang. Ich möchte zu einem Mitarbeitertreffen. Der Wagen wird immer schneller. Ich versuche zu bremsen, aber die Bremse reagiert nicht. Die Geschwindigkeit nimmt zu. Der Wagen rast auf eine Kurve zu. Ich gerate in Panik und trete noch fester auf das Bremspedal. Ich schaffe die Kurve nicht mehr und fliege in hohem Bogen in einen Abgrund.

Erschrocken wache ich auf. Mir steht der Schweiß auf der Stirn. Mein Atem geht schnell und mein Herz rast. Es dauert eine Weile, bis ich mich beruhige und weiterschlafen kann. Als ich am Morgen aufwache, steht mir der Traum lebendig vor Augen. Ich erinnere mich genau an meine Angst, in der Schlucht aufzuschlagen. Zugleich bin ich auch erleichtert. Es war ja nur ein Traum.

Trotzdem beschäftigt mich dieser Traum noch auf dem Weg ins Büro. Fast stoße ich mit einem Kollegen zusammen, so sehr bin ich noch in Gedanken mit meinem Traum beschäftigt. Ich arbeite an vier Vormittagen der Woche als Sachbearbeiterin in einem Versicherungsbüro. Bevor unsere Kinder kamen, war ich voll berufstätig und konnte nach 13 Jahren wieder mit einer halben Stelle einsteigen.

Ich frage mich, was dieser Traum zu bedeuten hat. Was will er mir sagen? Während ich nach einer Antwort suche, fällt mir ein, dass ich früher schon ähnliche Träume hatte. Mal fiel ich von einem hohen Turm und wachte auf, bevor ich auf dem Boden aufschlug. Ein anderes Mal saß ich in einem Zug, der auf einen Tunnel zujagte, und ich geriet bei der Vorstellung in Panik, dass der Tunnel den ganzen Zug und mich mit verschluckt. Auch dieser Traum endete, bevor der Zug wieder aus dem Tunnel herauskam.

Freitagabend bin ich mit meiner Freundin Christine verabredet. Sie liest gerne psychologische Bücher – Ratgeberliteratur, wie sie es nennt. Der werde ich den Traum erzählen. Vielleicht kann sie mir sagen, was mein Traum zu bedeuten hat. Eine Ahnung, in welche Richtung er zu verstehen ist, wäre mir auch schon eine Hilfe.

Aber auch Christine kann mit dem Traum nichts anfangen. Sie vermutet, dass ich wohl zu schnell unterwegs bin in meinem Leben. Da könnte was dran sein. Dass ich zuweilen etwas hektisch wirke, ist mir nicht neu. Das hat sie mir schon mal gesagt. Meine Neugierde ist aber damit nicht befriedigt.

Während ich Christine den Traum erzähle, fällt mir ein, dass mein ehemaliger Jugendleiter einen solchen Wagen besaß. Das ist schon zwanzig Jahre her. Wir alle haben Horst damals sehr gemocht, ein echtes Vorbild. Er hatte immer Zeit für uns und unternahm eine Menge mit uns. Weiter fällt mir nichts zu meinem Traum ein. Auf Christines Rat hin hole ich mir verschiedene Traumdeutungsbücher aus der Bücherei. Sie sollen mir helfen, das Rätsel zu lösen.

Die Fülle der Erklärungen erschlägt mich fast und verwirrt mich. In dem einen Buch lese ich, die Straße sei ein Symbol für meinen Lebensweg, auf dem ich in meinem Traum dann doch wohl nicht mehr aufzuhalten bin. Ein anderes sagt mir, das Auto stehe für Halt und Sicherheit, da es mit vier Rädern auf der Erde steht –

im Unterschied zu einem Schiff oder einem Flugzeug. Wieder ein anderer Autor weist darauf hin, dass die Kurve in meinem Traum einen Richtungswechsel andeutet und als ein Zeichen für Veränderung steht. Schließlich finde ich auch eine Deutung für das Mitarbeitertreffen im Gemeindehaus, zu dem ich unterwegs bin, aber nicht erreiche. Das könnte bedeuten, dass ich entweder lieber allein arbeite oder nicht teamfähig bin.

Einiges von diesen Erkenntnissen ist durchaus bedenkenswert. Trotzdem kann ich keinen überzeugenden Sinn in meinem Traum entdecken. Wie kann ich weiterkommen? Ich muss wissen, was der Traum mir sagen will. Dann werde ich auf ein Seminar aufmerksam, das sich mit Träumen beschäftigt. Das ist die Gelegenheit! Ich möchte der Botschaft des Traumes auf die Spur kommen. In der Hoffnung, nicht nur diesen Traum zu verstehen, sondern Anregungen und Hilfen zu bekommen, mit meinen Träumen mehr anfangen zu können, melde ich mich an.

Im Seminar bekommen wir die Chance, an einem Traum unserer Wahl intensiv zu arbeiten. Wer will, kann seinen Traum (oder auch mehrere) grafisch darstellen. Als ich meinen Traum anhand des Bildes vorstelle, werde ich gefragt: „Welches Element in Ihrem Traum steht für Sie im Vordergrund? Woran bleibt Ihr Blick haften?" Es war die Teambesprechung. Ich hatte mich schon oft gefragt: Warum bin ich in meinem Traum so furchtbar schnell unterwegs, und was zieht mich so stark zu meinem Ziel, dass ich nicht mehr bremsen kann?

Auf die Frage: „Was verbinden Sie mit Besprechung, Gemeinde?", bricht es aus mir heraus: Arbeit! Ich bin von dem aggressiven Tonfall meiner Stimme überrascht. So spreche ich normalerweise nicht von meiner Gemeinde. Die Mitarbeit in der Gemeinde ist mir ganz wichtig, und meistens mache ich sie gerne, nur manchmal ist es mir ein bisschen zu viel. Ich genieße es, gebraucht zu werden, und es ist doch auch ein äußerst wichtiger Dienst, oder etwa nicht? Ich leite die Theatergruppe und unterstütze seit einiger Zeit das Musikteam. Außerdem kommt noch die gelegentliche Mithilfe beim Gemeindekaffee nach dem Gottesdienst dazu. In letzter Zeit wurde ich häufiger als sonst gefragt, da immer wieder Mitarbeiter ausfielen.

Jetzt fällt mir noch etwas ein. Neulich fragte mich unser Pastor, ob ich bei ProChrist in der Seelsorge mitarbeiten könnte. Das war, kurz bevor ich diesen Traum hatte. Ich habe zugesagt. Es wäre ja nur ein vorübergehendes Projekt, und außerdem gäbe es sehr wenige, die dabei mitmachen würden, fügte er damals hinzu.

Nein zu sagen, fällt mir auch eher schwer. Wenn es darum geht, Mitarbeiter zu finden, fühle ich mich meist angesprochen. Ich kann nichts dagegen tun. Da bin ich nur schwer zu bremsen.

Während ich so von mir spreche, wird mir bewusst, wie sehr ich das brauche. Wenn ich für andere etwas tue, gibt mir das ein gutes Gefühl. Ich fühle mich dann Gott gegenüber richtig gut, weil ich denke, dass ihm das gefällt, und ich möchte ihm ja gefallen. Aber irgendwie scheint da etwas nicht zu stimmen, denn in meinem Traum gerate ich aus der Spur.

Was mache ich da mit mir? Warum fällt es mir so schwer, nein zu sagen? Vielleicht ist es die Angst, dass sich jemand von mir zurückziehen könnte? Vielleicht befürchte ich, dass sich die Menschen von mir abwenden und ich dann allein dastehe?

Während ich auf mein Bild sehe und mir diese Fragen durch den Kopf gehen, spüre ich, dass eine tiefe Traurigkeit in mir aufsteigt. Es war schon immer so: Um beachtet und geliebt zu werden, musste ich viel investieren. Wenn ich gute Noten nach Hause brachte, war die Welt in Ordnung. Dann war ich okay. Geliebt zu werden, einfach nur so, das kenne ich nicht. Es tut weh, zu spüren, wie sehr ich das aber gerade gebraucht hätte.

Dass mir diese Erinnerungen hochkommen, nach all den Jahren! Ich kann meine Tränen nicht mehr zurückhalten. Der Schmerz und die Trauer sind zu stark. Es dauert eine Weile, bis ich mich wieder gefasst habe. Ich schaue auf mein Traumbild. Mein Blick bleibt an dem Wagen hängen, der in den Abgrund stürzt. Und ich denke: Wenn ich so weitermache, wenn ich nicht lerne, nein zu sagen, geht's mir genauso. Ja, ich bin auf dem besten Wege dahin. Was soll ich machen? Wie denkt Gott darüber? Kann er wollen, dass ich meine Mitarbeit zurückschraube? Ich weiß es nicht. Ich teile meine Gedanken mit.

Jemand aus der Gruppe fragt mich: „Kann es sein, dass du meinst, du müsstest dir Gottes Wohlgefallen verdienen?" Im ersten Moment wehre ich diese Frage innerlich ab. Aber dann denke ich: Vielleicht ist da was dran. Nach einer Weile lasse ich in mir eine ehrliche Antwort zu: „Ja, so ist es tatsächlich. Ich bin mir nie sicher, ob ich gut genug bin, ob ich genug getan habe, damit er mich wirklich liebt."

Eine andere Teilnehmerin bemerkt dazu: „Ich erinnere mich an den älteren der beiden verlorenen Söhne.[5] Der hat auch immer gearbeitet. Er blieb auf dem väterlichen Hof und kannte dort nur die Arbeit. Und als es etwas zu feiern gab, war er nicht dabei. Alle hatten ihren Spaß, nur er nicht. Er war auf dem Feld bei der Arbeit."

Einige in der Runde nicken still vor sich hin. Mir scheint, es geht ihnen ähnlich. Die Teilnehmerin ergänzt: „Ich verstehe das so, dass der ältere Sohn im Laufe der Jahre mehr ein Arbeitsverhältnis zu seinem Vater entwickelt hat."

Mir fällt es wie Schuppen von den Augen. Genauso habe ich das auch gesehen und oft betont: „Gott ist der beste Arbeitgeber!" Ich merke, wie eine schwere Last von mir abfällt. Und dabei spüre ich schmerzvoll, was ich mir mit dieser Vorstellung angetan habe, mit diesem Bild von Gott. Mir kommen die Worte des Vaters aus dem Gleichnis in den Sinn: „Mein Sohn, du bist immer bei mir ..." Dieser Satz berührt mich tief. Es tut so gut, geliebt zu sein, ohne etwas dafür leisten zu müssen. Ich bemerke plötzlich, dass ich dieses hohe Maß an Einsatz für Gott nicht mehr brauche. Ich habe es nicht mehr nötig, seine Liebe zu verdienen. Ihm ist nicht wichtig, was ich alles für ihn zu tun bereit bin, sondern dass wir im Kontakt miteinander sind.

Einige aus der Gruppe teilen mit, dass es ihnen ähnlich geht, dass sie Gott manchmal auch so gesehen haben – und wie wichtig es für sie ist, in meinem Traum zu erkennen, wohin das führen kann. Sie bedanken sich für meine Offenheit.

Mir ist jetzt klar, dass ich aus dem Musikteam aussteigen werde und auch die Mitarbeit beim Gemeindekaffee streiche. Die Theatergruppe mache ich weiter, und ich freue mich jetzt schon auf meine Leute dort. Vor allem bin ich Gott dankbar, dass er mich durch den Traum auf meinen gefährlichen Umgang mit mir selbst und mein falsches Bild von ihm aufmerksam gemacht hat. Ich glaube, ich kann jetzt mit mehr Freude mitarbeiten, und in der frei gewordenen Zeit tue ich das, was mir Spaß macht.

Auch ein Jahr später ist Monika begeistert darüber, dass dieser Traum von damals nicht mehr wiederkehrte und sie insgesamt mehr auf sich achtet. Ihre Theatergruppe macht ihr seither mehr Freude, und in der Gemeinde fühlt sie sich wohler. Vor allem aber ist sie dankbar, dass sie Gottes Liebe umfassender spürt und sie sich seither Gott viel näher fühlt.

Es liegt sehr nahe anzunehmen, dass Gott Monika diesen Traum geschenkt hat, um sie auf ihr Verhältnis zu ihm aufmerksam zu machen und es zu verändern. So sieht sie es zumindest für sich selbst. Wer sich mit Träumen beschäftigt, fragt danach, woher unsere Träume stammen.

1.2. Woher kommen die Träume?

In der Antike ging man davon aus, dass die Träume von Göttern geschickt wurden. Götter nehmen Einfluss auf das Leben, und sie teilen sich in der Bilderwelt der Träume mit. Insbesondere wurde Göttervater Zeus, das Oberhaupt in der Götterwelt der griechischen Mythologie, als Urheber der nächtlichen Träume angesehen. Träume galten als das „älteste Orakel der Menschheit"[6]. Sie kündigen Heil und Unheil an. Glückverheißende Träume stammten von guten Geistern, Unglück ankündigende Träume wurden als Machwerk neidischer Dämonen verstanden.

Darüber hinaus konnten auch Engel ihre Botschaft durch Träume vermitteln, wie es im Talmud erwähnt ist. Man war sogar der Überzeugung, dass sich die göttliche Natur der menschlichen Seele im Schlaf zeigt.

Aber auch rein körperliche Vorgänge konnten Träume hervorrufen So sagt ein arabisches Sprichwort: „Der Traum des Hungrigen ist Brot"[7], und Artemidor geht davon aus, dass Träume durch die Gedanken und Stimmungen des Tages beeinflusst sind[8].

Artemidor von Daldis (370–412) gilt als der prominenteste Traumdeuter der Antike und hat in seinem Traumbuch rund 1400 Träume gesammelt. Es ist das einzige erhaltene Traumbuch jener Zeit. Schon damals wurde deutlich: Traum und Leben haben offenbar fundamental miteinander zu tun. Der berühmteste und erfolgreichste seiner Kollegen, Aristandros von Telmessos, war Hof-Traumdeuter bei Alexander dem Großen. Der nahm ihn zu seinen Feldzügen mit und schätzte ihn als Reisebegleiter. Dabei hatte Aristandros Gelegenheit, Alexander kennenzulernen wie kein zweiter. Aus dieser Kenntnis heraus deutete er mit einer legendären Treffsicherheit die Träume seines Herrschers. Dass vor allem Individualität und Lebensumstände den Inhalt der Träume bestimmen und bei der Deutung eine wesentliche Rolle spielen, wurde schon damals zur grundlegenden Erkenntnis für ernst zu nehmende Traumdeutung.[9] Traumsymbole enthalten Hinweise auf das Leben des Träumers, schöpfen sie doch aus der Quelle, die er tagtäglich mittels seiner Sinne speist.

Die moderne Traumforschung ordnet die Entstehung der Träume dem sogenannten Unbewussten zu. Das Unbewusste umfasst, sehr allgemein ausgedrückt, all das, was zur Persönlichkeit gehört, ihr aber nicht bekannt ist oder von ihr nicht wahrgenommen wird. Dem Unbewussten werden vor allem jene seelischen Lebensäußerungen zugerechnet, die dem, der sie erlebt, nicht bewusst sind.[10]

Die Areale des Unbewussten zeigen ihren Inhalt in den nächtlichen Träumen. Wenn der Mensch schläft, öffnen sich die Archive der Seele. Sinneseindrücke von Tagesereignissen, Körperreize, die aktuelle Lebenssituation, verdrängte Erinnerungen und Erlebnisse sowie Traumgestalten des sogenannten kollektiven Unbewussten liefern das Material, aus dem die Träume sind.

Vor allem C. G. Jung hat die Bedeutung der letztgenannten Quelle, die in der Entstehungsgeschichte der Menschheit ihren Ort hat und das ursprüngliche Wesen des Menschen in reiner Form darstellt, in seinem Traumverständnis betont. „Alles Bewusstsein trennt; im Traum aber treten wir in den tieferen, allgemeineren, wahreren, ewigeren Menschen ein, der noch im Dämmer der anfänglichen Nacht steht, wo er noch das Ganze und das Ganze in ihm war, in der unterschiedslosen, aller Ichhaftigkeit baren Natur. Aus dieser allverbindenden Tiefe stammt der Traum, und sei er noch so kindisch, so grotesk, noch so unmoralisch."[11]

In diesem Traumverständnis wird der Einfluss fernöstlicher Religionsphilosophie auf Jung deutlich, nach der das wahre Selbst des Menschen und seine Verwirklichung nicht durch sich abgrenzende Individualität, sondern durch Auflösung in ein alles umspannendes Sein erreicht werden.[12] Es gilt die Überzeugung: Je mehr der Mensch sein Er-selbst-sein-Wollen aufgibt, umso eher wird er es erleben.

Träume kommen, das lässt sich ganz allgemein festhalten, aus dem Unbewussten des Menschen, das von sehr unterschiedlichen Faktoren bestimmt ist, die in verschiedenen „Tiefenschichten" der Seele lagern, wie die folgende Grafik zeigen soll.

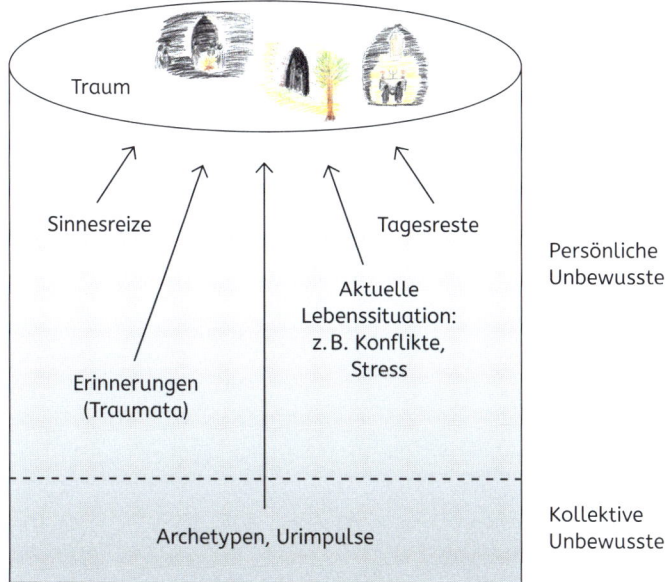

Nicht jeder erinnerte Traum ist so wichtig, dass man sich mit ihm beschäftigen müsste. Je nachdem aus welcher Schicht des Unbewussten er stammt, gewinnt er an Bedeutung und verdient daher unserer besondere Aufmerksamkeit.

1.3. (Über-)Lebenswichtige Träume

Träume lassen sich aufgrund ihres Inhalts oder anhand bestimmter Merkmale in Traumtypen einteilen. Ich möchte auf zwei verschiedene Arten von Träumen an dieser Stelle näher eingehen, da sie mit Recht unser besonderes Interesse fordern und von ihnen wichtige, lebensverändernde Impulse ausgehen. Es handelt sich um Wiederholungs- und Albträume.

a) Wiederholungsträume

Wiederholungsträume verdienen unsere besondere Aufmerksamkeit, da Gott uns auf ein Problem oder einen Lebenskonflikt hinweisen möchte, der bereits über einen längeren Zeitraum hin unser Leben unbemerkt belastet. Monikas Traum ist ein gutes Beispiel dafür. Im Blick auf die seelische Gesundheit gewinnen Wiederholungsträume einen unschätzbaren Wert. Sie zeigen an, dass etwas aus der Balance geraten ist. Wiederholungsträume klopfen immer wieder an die Tür des Bewusstseins, um ihre lebenswichtige Botschaft loszuwerden.

Die Szenen mögen zuweilen wechseln, die Dramatik sich verändern, aber immer ist es dasselbe Thema. Abschied, Trennung, Einsamkeit, seelische Schädigungen in Form von erlittener Gewalt, Neuanfänge, Veränderungen, Konflikte, Nähe-Distanz-Probleme, Macht- und Ohnmachterfahrungen können solche wichtigen Themen sein.

Ein Lebensthema, das beispielsweise in dem Übergang von der Jugend zum Erwachsenenalter nicht bewältigt wurde, kann sich in der nächsten Übergangsphase des Lebens, in der Lebensmitte, erneut und heftiger zeigen. Wiederholungsträume weisen darauf hin, dass ein längst bekanntes Problem nun endlich ernster genommen und gelöst werden sollte.

Zu den Träumen, die wir häufig am deutlichsten in Erinnerung behalten, gehören neben Wiederholungsträumen vor allem Albträume.

b) Albträume

Albträume gehören zu jenen Traumerlebnissen, die wir nicht mögen, oft sogar fürchten. Mancher hat Angst, schlafen zu gehen, weil er nachts von quälenden und furchterregenden Träumen aufgeschreckt wird. Schlafmittel sind auf Dauer keine Lösung. Albträume weisen auf ein schwerwiegendes Problem der Seele hin. Sie zeigen, dass der Träumer nicht gut mit sich umgegangen ist bzw. etwas erlebte, dass er noch nicht ausreichend verarbeitet hat. Der Traum von Klaus in Kapitel 2.2. ist ein anschauliches Beispiel für einen Albtraum. Auch Monikas Traum ist dazuzurechnen.

Mit dem Erleben, das hinter dem Traum steht, sind Gefühle verbunden, die der Träumer nicht zulassen will, und die er deshalb ins Unbewusste verdrängt hat. Er kann oder will sich ihnen bewusst noch nicht stellen, weil er befürchtet, er könne sie nicht aushalten. Deshalb hält er Angst-, Wut-, Hass-, Trotzgefühle u. ä. aus seinem Bewusstsein fern. Albträume deuten auf verdrängte, sogenannte abgespaltene Gefühle hin.

Ein Albtraum lässt sich an seiner Dramatik erkennen. Träume haben oft eine ähnliche innere Struktur. Ihr Aufbau und ihre innere Bewegung folgen einem bestimmten Schema. Der Ablauf ist vergleichbar mit der Dramatik des antiken Theaters und besteht aus vier Schritten: 1. dem Anfang, 2. der Entfaltung, 3. dem Wendepunkt und schließlich 4. der Lösung.[13]

- Der **Anfang** zeigt den Ort der Handlung. Die Bühne entsteht, und alle wesentlichen Elemente sowie die beteiligten Personen oder Traumgegenstände werden vorgestellt.
- Danach kommt Bewegung ins Spiel. Die **Entfaltung** deutet das zu behandelnde Thema an. Es geschieht etwas, und das Geschehen steuert in eine bestimmte Richtung.
- Es läuft auf einen Höhepunkte oder **Wendepunkt** zu, in dem die Dramatik gipfelt und eine Entscheidung bzw. eine Lösung angestrebt werden kann. An dieser Stelle löst sich das Problem oder eben auch nicht.
- Die **Lösung** schließt die Traumhandlung ab. Es ist eine Antwort gefunden. Ein neuer Aspekt kommt ins Blickfeld.

Typisch für den Albtraum ist, dass er keine Lösung enthält, sondern am Wendepunkt abbricht. Der Traum ist nicht abgeschlossen. Es fehlt ein entscheidendes Element. Gelegentlich, je nach emotionaler Beteiligung und Heftigkeit, wacht der Träumer auf.

Die Seele hat nicht die Kraft, von sich aus einen Abschluss zu finden. Vielmehr stellt der Albtraum den Träumer vor die Aufgabe, nun selbst bewusst nach einer (Auf-)Lösung zu suchen. Nicht selten wird er von seiner Seele dazu aufgefordert, sich den verdrängten Erinnerungen und den dazugehörenden Gefühlen zu stellen.

Albträume sind deshalb sehr ernst zu nehmen. Sie nicht zu beachten bedeutet, wichtige Impulse zur positiven Veränderung weiterhin zu verdrängen – und das schadet. Es kommt einem Weglaufen vor sich selbst gleich. Eine heilsame Chance wird vertan. Es ist weitaus klüger, sie zu nutzen.

1.4. Warum träumen manche Menschen nicht?

Die Behauptung, dass jeder träumt, ist sicherlich richtig. Ebenso richtig ist, dass sich nicht jeder Träumer an seine Träume erinnert. Und das hat verschiedene Gründe.

Für viele Menschen gilt immer noch der im Volksmund beliebte Satz: „Träume sind Schäume." Wer so denkt, muss sich nicht wundern, dass er nicht träumt. Mit seiner Überzeugung gibt er seinem Unterbewusstsein zu verstehen: Was du mir sagen willst, interessiert mich nicht. – Also schweigt es. Das Unterbewusstsein ist schlau genug, seine Schätze nicht einfach zu verschleudern und wie Perlen vor die Säue zu werfen. Die Skepsis gegenüber dem Traum verhindert das Erinnern von Träumen. Es fehlt die Offenheit dafür.

Die Abwertung des Traums geht nicht selten einher mit einer persönlichen Hilflosigkeit im Umgang mit seelischen und emotionalen Phänomenen. Darin zeigen sich die Folgen einer Erziehung, die kein Verständnis für Gefühle hat und in der sie keine Rolle spielten. Das so entstandene Selbstbild eines Menschen verschließt sich für seelische Zusammenhänge. Männer sind nach meiner Erfahrung weniger offen und bereit, sich mit ihren Träumen zu beschäftigen. Leider wirkt sich diese Zurückhaltung eher zum Nachteil für sie aus.

Ein weiteres Motiv für traumlose Nächte sehe ich in der Individualität begründet. Ebenso wie es Menschen gibt, die sehr viel und sehr häufig träumen, gibt es eben andere, die keine Träume vorweisen können oder nur ganz selten welche erleben. Es ist ihre persönliche Note und gehört zu ihrem Persönlichkeitsprofil.

Schließlich kann es sein, dass jemand so gut und gesund mit sich und seinem Leben umgeht, dass kein Anlass für Träume besteht, die ihn dazu auffordern könnten, etwas an seiner Lebensweise zu verändern. Viele Träume – und das sind die interessanten – fordern den Träumer zu Veränderungen seines Verhaltens und seines Lebensstils auf. Darin liegt ihre Absicht. Wenn nun jemand optimal mit sich und seinen Lebensumständen umzugehen versteht, die erforderlichen Anpassungsleistungen bewusst bewältigt, werden Träume als Lebenshilfe überflüssig. Nicht erinnerbar zu träumen, ist aus diesem Blickwinkel ein Zeichen für ein seelisch ausbalanciertes Leben.

Ob sich jemand seine Träume merken kann oder nicht, hängt nicht zuletzt von seinen Schlafgewohnheiten ab. Wer jeden Morgen von seinem Wecker aus der Tiefschlafphase gerissen wird, kann sich wohl kaum an einen Traum erinnern. Das mag sich sehr schnell ändern, wenn er ausschlafen kann. Dann nämlich gleitet er aus der sogenannten Leichtschlafphase in den Wachzustand. Es ist viel eher möglich, Träume aus dieser Schlafphase zu erinnern, da sie näher an der Schwelle zum Wachbewusstsein auftreten. Sie sind noch „warm", wenn der Träumer aufwacht.

1.5. Träumen – leben in einer fremden Welt?

Ich träumte:
Ich gehe durch die Straßen einer Stadt, in der ich einmal gelebt habe, Mülheim an der Ruhr. Es ist sehr schattig, bewölkt, als ob es bald regnen würde. Ich suche die dort ansässige Evangelische Akademie, um dort einem Kollegen einen privaten Besuch abzustatten. Schließlich komme ich an dem Gebäude an und betrete es. Es sieht aus wie beim Umzug. Das Foyer ist leergeräumt. Hier und da stehen noch ein paar Kisten herum. Mitarbeiter sind damit beschäftigt, Sachen zu transportieren. Ich erinnere mich, dass die Akademie nach Bonn umzieht.

Unmittelbar vor mir gehen zwei Frauen, eine von ihnen schiebt einen Kinderwagen vor sich her. Nachdem wir die Eingangstür nacheinander passieren, lege ich etwas Tempo zu, um vor den beiden an der Rezeption zu sein. Sie bemerken meine Absicht und verhindern, dass ich sie schnelleren Schrittes überholen kann. Schließlich aber gelingt es mir doch, vor ihnen die Empfangsdame zu erreichen. Ich frage sie: „Ich suche Herrn... (den Namen weiß ich nicht mehr). Ist er noch in seinem Büro oder schon umgezogen?" Sie antwortet mir: „Er müsste eigentlich noch in seinem Büro sein. Ich habe ihn eben noch im Flur gesehen." Ich bedanke mich und gehe den Flur entlang. Durch die geöffnete Tür blicke ich in sein Büro. Es ist leer.

Ich möchte auf die Botschaft des Traumes hier nicht näher eingehen. Als aktueller Bezug zum Alltag kommt ein Telefonat des gestrigen Abends infrage, bei dem es um die Adresse eines Bekannten aus jener Stadt ging.

Mir geht es um etwas anderes. Wenn man den Traum insgesamt anschaut, kann man sich gut verstellen, dass alles, was im Traum passiert, auch in der Alltagsrealität vorkommen könnte. Die Szene hat nichts Fremdartiges, Unrealistisches an sich. Der einzige Unterschied zur Realität besteht darin, dass sich die Evangelische Akademie nicht in einem Wohngebiet, sondern außerhalb der Stadt im Wald befindet.

Die Personen, Gegenstände und auch die Handlung dieses Traumes können tatsächlich auch so in der Alltagswelt vorkommen. Das lässt sich bei allen Träumen dieses Buches ebenso feststellen. Dabei fällt auf: Beide Welten sind sich sehr ähnlich.

Schon Mitte des 17. Jahrhunderts dachte der französische Mathematiker, Physiker und Philosoph Blaise Pascal (1623–1662), was die experimentelle Traumforschung jüngst herausfand: Die Erlebnisweisen im Traum und in der Realität sind sich sehr ähnlich und miteinander vergleichbar. Er schreibt in seinen „Pensées" (dt. Gedanken) zum Träumen:

„Träumten wir jede Nacht das Gleiche, würde es uns genauso beschäftigen wie alles, was wir täglich sehen; wenn ein Handwerker sicher sein könnte, jede Nacht zwölf Stunden lang zu träumen, er sei ein König, so wäre er, glaube ich, fast ebenso glücklich wie ein König, der jede Nacht zwölf Stunden lang träumen würde, er sei ein Handwerker. Träumten wir jede Nacht, wir würden von Feinden verfolgt und von diesen schreckhaften Schemen gequält, oder man verbrächte den ganzen Tag mit den verschiedenen Beschäftigungen, wie wenn man auf Reisen (für Pascal eine leidvolle Angelegenheit, d. V.) ist, dann würde man fast ebenso leiden, wie wenn es die Wirklichkeit wäre, und man würde den Schlaf fürchten, wie man sich vor dem Erwachen fürchtet, wenn man Furcht hat, dass uns solch Unglück wirklich beggenen könnte. Und tatsächlich wird es fast die gleichen Leiden bereiten wie die Wirklichkeit. Weil aber die Traumbilder immer wechseln und ein und dasselbe sich wandelt, berührt uns das, was man dort sieht, weniger als das, was man im Wachen sieht; und zwar, weil hier die Abfolge stetiger ist, die indessen nicht so stetig und gleichmäßig wäre, dass nicht auch Wandlungen geschähen, wenn auch weniger plötzliche; geschehen sie aber, und das ist nicht selten, wie zum Beispiel auf Reisen, dann sagt man: Es scheint mir, dass ich träume. Denn das Leben ist nur ein um ein Weniges weniger unbeständiger Traum."[14]

Für Pascal sind die Ähnlichkeiten zwischen Traum und Wirklichkeit so groß, dass sich der Unterschied auf ein einziges Phänomen reduziert. Im Alltag gibt es Beständigkeit und Wiederholungen, im Traum in dieser Weise nicht. Die Wirklichkeit ist ritualisiert, die Traumwelt nicht.

Gewiss folgt der Traum einer anderen Logik als das Wachleben. Die Erfahrungen und Erlebnisweisen sind jedoch von ähnlicher Qualität. Unser Alltag ist gekennzeichnet vom Umgang mit Raum und Zeit. Es gibt Spielräume, Handlungsräume, ein Oben und Unten, Weite und Enge, Fülle und Leere, ein Vorher und Nachher etc., Gefühle wie Begeisterung, Angst, Trauer, Freude, Hass und Liebe, Wut und Schmerz, Zärtlichkeit und Lust u. a. bestimmen uns und sind die Grundbewegungen, die unser Verhalten tagtäglich steuern. Wir erleben Verlust, Abschied, Vergänglichkeit, Neuanfänge, Geburt und Tod, Kreativität und Langeweile, um nur einige der vielen möglichen Erfahrungen zu nennen.

All diese Phänomene kommen eben auch in unseren Träumen vor. Trotzdem ist für viele Menschen der Traum und das Träumen mit dem Nimbus des Fremdartigen, Geheimnisvollen, Unheimlichen, ja Mystischen umgeben. Wie unberechtigt diese Einschätzung ist, legen die Ergebnisse der experimentellen Traumforschung jüngerer Zeit nahe.

Dr. Michael Schredl, Mitarbeiter im Schlaflabor des Mannheimer Zentralinstitutes für seelische Gesundheit im Bereich der psychologischen Traumforschung, behauptet: „Der Traum ist ein Phänomen, das auf kognitiven Aktivitäten des Gehirns während des Schlafens beruht. Da das Gehirn aber nie schläft – und der Geist Tag und Nacht arbeitet –, sind unsere Träume genauso sinnlich, emotional, imaginär wie im wachen Leben. Traum- und Wacherleben als kontinuierliche Bewusstseinsformen zu verstehen, ist zwar keine ganz neue Sichtweise. Dass sie sich in der experimentellen

Traumforschung aber in den letzten Jahren so umfassend bestätigt hat, kann man sicherlich nicht hoch genug bewerten und muss es als Durchbruch begreifen."[15]

Traumbewusstsein und Wachbewusstsein sind in ihrer Struktur gleich. Der Traum bedient sich vorwiegend der ursprünglichsten Sprache der Menschheit, der Bildersprache. Das Wachbewusstsein erweitert diese Sprache lediglich um rational orientierte Kommunikationsformen.

Die beiden Schweizer Psychologinnen Inge Strauch und Barbara Meier kommen aufgrund ihrer langjährigen Studien zu der Überzeugung, unsere Traumwelt sei wie ein zweites Leben, dass man in seiner Dynamik sowohl mit dem klassischen Drama als auch mit dem modernen Theater, in dem die Handlungen mehr assoziativ verbunden sind, vergleichen kann.[16]

Träumen ist leben in einer nicht-materiellen Welt. Hier führen wir als Träumer ein Dasein, das die Höhen und Tiefen, die Grandiosität und Abgründigkeit unseres Schicksals widerspiegelt. Es ist ein Leben in einer anderen Realität, aber es ist kein anderes Leben. Der Traum ist keine fremde Welt, sondern unsere eigene, die ebenso zu uns gehört wie die gegenständliche, in die hinein wir geboren wurden.

2. Welche Aufgaben haben Träume?

> Was der Traum zeigt, ist der Schatten dessen, was an Weisheit im Menschen vorhanden ist, selbst wenn er im Wachzustand nichts davon wissen mag… Wir wissen nichts davon, weil wir unsere Zeit mit äußerlichen und vergänglichen Dingen vertrödeln und dem, was in uns real ist, keine Aufmerksamkeit schenken.
>
> *Paracelsus*

Träume übernehmen verschiedene Aufgaben. Sie führen uns vor Augen, was wir im Alltag vermeiden, bringen unverarbeitete Erlebnisse zur Sprache, gleichen eine einseitige Lebensweise aus, verarbeiten Konflikte, deuten zukünftige Lebensmöglichkeiten an und unterstützen uns dabei, ganzheitlich und damit auch gesünder zu leben.

Um das Profil der unterschiedlichen Traumarten zu markieren und ihre Funktion zu erklären, stelle ich beispielhaft Träume vor und kommentiere sie. Bei einigen Traumbeispielen wird zusätzlich erkennbar, welche Möglichkeiten es gibt, auf Träume einzugehen, bzw. wie ich mit Träumen in Lebensberatung und Seelsorge arbeite.

2.1. Zeigen, was ich zu leben vermeide

Im Traum zeigen sich Lebensmöglichkeiten und -äußerungen, die der Träumer im Alltag zu leben vermeidet. Die Gründe dafür sind ihm in der Regel nicht bewusst.

Karin, die 45-jährige Teilnehmerin eines Traumseminars, stellt einen Traum vor, den sie an einem Ostermorgen träumte. Kaum ein Jahr zuvor starb ganz plötzlich ihr weit von ihr entfernt lebender Vater.

Einleitend schildert sie den aktuellen Kontext des Traumes: „Am Ostermorgen, früh um 6 Uhr, beobachte ich vom Schlafzimmerfenster aus in ca. 25 Metern Entfernung Kirchgänger, die sich in der Dunkelheit im Schein der erleuchteten Kirche an einem Feuer vor dem Kirchportal treffen. Gemeinsam gehen sie dann zum Gottesdienst in die Kirche. Ich wollte auch an dem Gottesdienst teilnehmen, habe aber verschlafen. Ich schaffe es nicht mehr und lege mich wieder hin."

Sie träumte:
Ich gehe mit meinem Mann durch das große Portal in die Kirche unseres Ortes. Wo wir herkommen, ist es dunkel. Der Altarraum ist durch einen Kerzenleuchter auf dem Altar hell erleuchtet. Dorthin will ich mit meinem Mann gehen. Ich gehe an seiner linken Seite, nehme mit meiner rechten Hand seine linke Hand und weine still in mich hinein. Vor dem Altar angekommen, weine ich noch immer. Tränen laufen über mein Gesicht. Dass die Menschen sich in der Kirche aufhalten und meine Tränen sehen, ist mir nicht mehr wichtig. Die Trauer schafft sich einfach einen Raum und darf vor der Gegenwart Gottes einfach da sein. Im Gebet bringe ich Gott meine Traurigkeit. Mein Mann steht still neben mir, ohne ein Wort zu sagen – immer noch Hand in Hand mit mir.

Plötzlich kann ich mit Weinen aufhören. Irgendeine Verwandlung in meinem Innersten hat die Verzweiflung von mir genommen. Ich spüre, dass ich vor Gottes Angesicht frei werde von meiner Trauer. Nun nehme ich auf eine andere Art und Weise wahr, dass mein Mann neben, bei mir ist. Auch wenn er kein Wort des Trostes für mich findet, er ist einfach da. Er lässt mich nicht allein, er begleitet mich.

Ich bin es dann, die wieder den ersten Schritt macht, weg vom Altar, hinein in das Kirchenschiff, Hand in Hand mit meinem Mann, der willig und ohne zu fragen mitgeht. Als wir durch die dunkle Kirche hin zum Ausgang gehen, ist es draußen hell geworden, und die Sonne scheint. Dann stehen wir gemeinsam im hellen Licht.

Ihr erster Gedanke beim Erwachen aus diesem Traum: Ich bin noch immer auf dem Weg der Traurigkeit. Aber sie darf sein, die Trauer. Und mein Mann nimmt daran Anteil. Die Trauer kann überwunden werden.

Karin hat ihren Traum in drei Szenen gemalt.

Während sie das Bild in der Gruppe vorstellt und erläutert, hellen sich ihre Gesichtszüge auf und ihre Augen beginnen zu leuchten. Die Hoffnung, die sie auch im Traum erlebt hat, strahlt auf ihrem Gesicht. Es ist für sie der Hoffnungstraum ihrer Ehe.

Nach der Arbeit mit und an ihrem Traum formuliert sie die Botschaft ihres Traumes: „Welch ein Trost und eine Hilfe in diesem Traum – vor Gottes Gegenwart geschieht Wandlung, Dunkelheit wird Licht! Aber auch: Welch eine Mahnung enthält dieser Traum – achte auf deine Wahrnehmung! Siehst du nicht den Mann neben dir, der dich still begleitet? Merkst du nicht, dass du gar nicht allein gelassen bist? Sieh, was dir geschenkt ist an Nähe! Dankbar nimm ihn an – den Mann an deiner Seite! Du darfst mit ihm Hand in Hand deinen Weg gehen – und begleite *du* ihn auf seinem Weg."

Der Traum vermittelt ihr die Gewissheit, dass sie und ihr Mann zusammengehören und dass sie ihren gemeinsamen Weg weitergehen können. Es ist ihr ganz persönliches Ostererlebnis. Sie fasst wieder neuen Mut und nimmt diesen Traum als ein Geschenk Gottes. Der Traum zeigt darüber hinaus, wie sich Sinneswahrnehmungen und ein familiäres Lebensthema zu Traumgestalten und Traumszenen zusammenfügen. Unterschiedliche Realitätsebenen, Alltagsrealität und Traumrealität, treten in Beziehung zueinander, durchdringen und ergänzen sich wechselseitig. Durch den Inhalt und die Bedeutung, mit der die Träumende ihren Traum erlebt, wird er außerdem zu einer Gotteserfahrung.

Auf meine Nachfrage beim Schreiben dieses Buches, wie sich der Traum und die Arbeit mit ihm auf ihr weiters Leben und insbesondere ihre Ehe ausgewirkt haben, berichtet sie: „Ich werde an diesen Traum immer wieder erinnert, besonders in schwierigen Situationen. Immer wieder gewinne ich Mut, auch im realen Leben Trauer und Enttäuschungen, aber auch Freude und Dankbarkeit vor Gottes Angesicht zu bringen, und immer wieder mahnt mich dieser Traum, meinen Mann wahrzunehmen, ihn zu sehen und anzunehmen in der ihm eigenen Art. Der Traum hat mir Perspektive und Hoffnung für die Ehe mit meinem Mann gegeben – im Zusammenhang mit dem Wort aus Jeremia 29,11, das wir über unsere Verlobung gestellt haben. Es lautet: *Ich weiß wohl, was ich für Gedanken über euch habe – Gedanken des Friedens und nicht des Leids, dass ich euch Zukunft und Hoffnung gebe.*"

Dieses Wort hat sich in diesem Traum erfüllt. Er thematisierte die Trauer um den Verlust ihres Vaters und das Gefühl, vom Ehemann allein gelassen zu sein, und macht die verwandelnde Kraft der Trauer erlebbar, was in der Alltagsrealität zunächst nicht möglich war. Karin konnte ihre Trauer zulassen und auch die Nähe zu ihrem Mann erleben.

2.2. Unerledigtes zur Sprache bringen

Gespräche, Begegnungen, Erlebnisse, die wir nicht verarbeitet haben, melden sich in Träumen. Gefühle, die uns aus solchen Alltagsereignissen nicht bewusst wurden oder die wir dort nicht ausdrücken konnten, zeigen sich auf der Traumbühne. Was mit uns geschieht, was Alltagsszenen tatsächlich mit uns gemacht haben, erhellt das Traumerleben. Zwei Beispiele, eines aus der Beratungspraxis und ein weiteres aus einem Traumseminar, sollen verdeutlichen, wie sich unabgeschlossene Erlebnisse Gehör verschaffen.

Klaus, 58 Jahre, Abteilungsleiter eines größeren Unternehmens, sucht Beratung auf. Er träumt über einige Monate mehrere gleich ablaufende kurze Träume, die ihn aufschrecken. Er springt aus dem Bett, landet auf seinen Hausschuhen, die vor dem Bett stehen, und kriecht anschließend mit schmerzenden Füßen wieder zurück in sein Bett. Nachdem er diesen Traum zum vierten Mal geträumt hat, wird er beim täglichen Autofahren unsicher. Der Traum geht ihm nicht mehr aus dem Kopf. Längere Strecken machen ihm Angst. Klaus träumt:

Ich fahre schnell mit meinem Auto vor eine Betonwand, ohne in irgendeiner Weise fahrerisch reagieren zu können.

In dem Beratungsgespräch helfen die Fragen: *Was fällt Ihnen zu der Mauer ein?, Was verbinden Sie mit „Auto"?, Welche Assoziationen und Gefühle kommen Ihnen zu „Unfall"?* nicht weiter. Das Traumerleben bleibt ohne Bezug zur Alltagsrealität und damit unverstanden. Auch die Frage: *Wer oder was hat sich Ihnen in den Weg gestellt?* führt zu keiner tieferen Erkenntnis.

Daraufhin rege ich an, die Traumszene psychodramatisch nachzuspielen. Der Stuhl wird zum Fahrersitz und eine aufgestellte Matratze bildet die Mauer. Die Unmittelbarkeit des Erlebens bringt eine fast vier Jahre zurückliegende Erinnerung an einen ungelösten und verletzenden beruflichen Konflikt ins Bewusstsein. Die längst vergessene, aus dem Bewusstsein verdrängte Kränkung kommt zum Vorschein. Klaus erzählt, wie es dazu kam.

„Im Frühjahr vor vier Jahren informierte der Vorstand unseres Unternehmens den Betriebsrat, die Personalabteilung und zwei Hauptabteilungen, von denen ich eine leite, darüber, dass infolge von Umstrukturierungen eine größere Anzahl von Mitarbeitern ‚umgesetzt' werden müsse. Es wird vereinbart, dass nur qualifizierte und unbelastete Mitarbeiter (keine Problemfälle) zur Umsetzung angeboten werden.

Unmittelbar vor den durchzuführenden Personalgesprächen erfahre ich, dass ein Mitarbeiter wegen Alkoholgenusses während der Arbeitszeit seinen Führerschein verloren hat. (In unserem Betrieb besteht durch Vorstandsverfügung absolutes Alkoholverbot.) Darüber hinaus erfahre ich auch, dass dieser Mitarbeiter eigentlich nicht zum Personenkreis der umzusetzenden Mitarbeiter gehört, sondern unmittelbar vor der Umsetzung gerade erst in die betroffene Abteilung versetzt wurde.

Ein halbes Jahr später findet ein Personalgespräch statt, zu dem neben den einzelnen Umsetzungskandidaten zwei Vertreter der Personalabteilung und drei Mitglieder des Betriebsrates erscheinen. Ich weigere mich, den vorgenannten Mitarbeiter zu übernehmen, ehe nicht geklärt ist, dass der Führerscheinentzug ein ‚Ausrutscher' war. Die Betriebsratsmitglieder beschimpfen mich empört, dass ich einen unbescholtenen Familienvater übel verleumde und in Misskredit brächte. Das Gespräch muss nach einer Stunde abgebrochen werden.

Zehn Tage später bekräftigen die Prokuristen der Fachabteilung und der Personalabteilung, dass kein alkoholkranker Mitarbeiter versetzt wird. Ein paar Tage danach ordnet der Personalvorstand an, dass ich den ‚Problemmitarbeiter' sofort übernehmen muss.

Am folgenden Tag werde ich ohne Angabe von Gründen vom Personalvorstand zu einem Gespräch zitiert. Der Betriebsratsvorsitzende und sein Vertreter setzen mich unter Druck, den Informanten des Alkoholgerüchtes zu nennen. Das Gespräch dauert drei Stunden. Da ich den Namen nicht nenne, werde ich übel beschimpft. Man kündigt mir ein gerichtliches Verfahren wegen Verleumdung an, das allerdings nie eingeleitet wurde.

Im Lauf des folgenden Jahres stellt sich heraus, dass der Mitarbeiter seit acht Jahren alkoholkrank ist und deshalb mehrfach umgesetzt werden musste. Er trat eine sechsmonatige Langzeittherapie an. Bis heute hat es seitens der Angreifer kein klärendes Gespräch oder gar eine Entschuldigung gegeben."

Klaus erkennt und versteht in der Arbeit an seinem Traum, dass diese Auseinandersetzung und insbesondere die verletzende Behandlung durch den Betriebsratsvorsitzenden seiner Seele offenbar mehr zusetzte, als im bewusst war. Seine Integrität wurde durch die massiven Angriffe verletzt. Der Traum will die „ungeschlossene Gestalt" aus dem beruflichen Konflikt schließen, was durch die Arbeit an dem Traum gelingt.

Die unerledigte Situation wird abgeschlossen, indem Klaus den Zusammenhang zwischen Traum und Kränkung wahrnimmt und so seine Verletzlichkeit erkennt. Die verletzte Seele bekommt ihre Aufmerksamkeit. Er hat damit auch etwas Wichtiges über sich erfahren. Für die Zukunft weiß er, dass er sich in solch angriffigen Begegnungen und verletzenden Szenen besser schützen muss. Klaus ist anschließend sehr erleichtert. Die Träume kehren nicht wieder. Er kommt innerlich zur Ruhe. Die Sicherheit beim Autofahren stellt sich wieder ein.

Das zweite Beispiel. Melanie, Anfang 30, Teilnehmerin an einem Traumseminar, stellt ihren, wie sie sagt, Albtraum vor:
Mein Traum begann im Flur. Ich wusste gleich, es ist mein Flur, es ist meine Wohnung. Dennoch kam mir alles fremd und ungewohnt vor. Es war ein unglaublich langer schmaler Flur, rechts nur Wand und links ein durchgehendes Fenster.

Während ich den schmalen Flur entlangging, kamen mir eine Reihe fremder Leute entgegen und gingen grußlos an mir vorüber. Ich dachte noch, was die hier wollen, ich kenne sie doch gar nicht, sprach sie nicht an und ging weiter.

Es gab ein Kinderzimmer und ein Wohnzimmer. Vom Wohnzimmer ging eine Tür ab. Als ich diese öffnete, bot sich mir ein schrecklicher Anblick. Ich war schockiert und verzweifelt, als ich das sah.

Der Raum war hoch und kahl. Der Fußboden war eine schräge Ebene zu mir hin, völlig aufgebrochen und geborsten. Links und rechts von mir gab es unerreichbar hohe Fenster. Das linke Fenster war schwarz und das rechte Fenster zerborsten, und es lief ein breiter Strom Wasser hinein, auf mich zu.

Am Ende des Raumes, vor Kopf, befand sich eine leicht geöffnete Tür, doch die konnte ich nicht erreichen …

Auf meine Frage, wann sie diesen Traum geträumt habe und was in dieser Zeit vielleicht Besonderes gewesen sei, teilt Melanie mit:

„Diesen Traum hatte ich in einer Zeit persönlichen Umbruchs mit zwischenmenschlich sehr existenzieller Erfahrung. Die Trennung von meinem Ehemann, dem Vater meiner beiden Söhne, lag noch nicht weit zurück. Äußerlich hatte sich vieles verändert. Ich hatte eine Superinfektion meiner Neurodermitis hinter mich gebracht. Beruflich hatte ich eine neue Stelle im Bereich Wohnheim für Menschen mit seelischer Behinderung und langjähriger Psychoseerfahrung angetreten. Ganz neu für mich.

Am Ende des ersten Jahres habe ich eine betroffene Klientin mit Krebserkrankung und zunehmend psychotischem Erleben beim Sterben begleitet. Niemals zuvor bin ich einem anderen Menschen so nahe gewesen.

Kollegial hatte ich zermürbende Konflikte mit einer hoch kränkbaren, missgünstigen Frau in unserem Team. Die Erziehungsarbeit mit meinen Kindern forderte mich. Und in meinen Freundeskreis drang ein mir völlig unerträglicher Mann ein, der mir das Leben schwer machte und mir Angst bereitete. Dann habe ich geträumt."

Es sind sehr bewegende Moment in der Gruppe, als Melanie ihre verschleppte Trauer nachholt. Während sie erzählt, bricht es auf einmal aus ihr heraus. All die ungeweinten Tränen dieser Zeit. Sie möchte im Moment nur weinen dürfen. Die Anteilnahme der Gruppe unterstützt Melanie dabei, ihre Trauer zu erleben. Sie nimmt vor allem Abschied von der Krebspatientin und lässt sie innerlich los. Darüber hinaus hat sie etwas Wesentliches über sich selbst erfahren. In Zukunft möchte sie behutsamer mit sich umgehen und ihre Grenzen nicht wieder übergehen. Im Rückblick auf ihren Traum bekennt Melanie:

„Mir wurde deutlich, dass ich richtig trauern darf und Trauer Platz braucht, dass ich mich von bestimmten Menschen fernhalten muss bzw. ich sie in Schranken verweisen, mich abgrenzen muss, und dass ich nicht alles kann, schaffe, trage. Ich bin nur Mensch, bin schwach, und es gibt Schrecken und Verzweiflung in mir. Immer mal wieder in meinem Leben waren mir eindrückliche Träume auch Anstoß, Wegweiser und Entscheidungshilfen, die mir zunächst gar nicht so bewusst gewesen sind."

Melanies Traumbild (Reproduktion der DIN A0 großen Wachsmalzeichnung)

2.3. Einseitige Lebensweise ausgleichen

Um in der inneren Balance zu bleiben, schafft sich die Seele im Traum ein Korrektiv zu überbetonten Verhaltensweisen, die den Alltag bestimmen. Familiäre Einflüsse formen unterschiedliche Persönlichkeitsstile und führen zu einseitigen Verhaltensmustern. Entweder fördern Eltern bei ihren Kindern bestimmte Lebensäußerungen und Verhaltensweisen und unterdrücken oft andere, unangenehme und für sie anstrengende Ausdrucksformen kindlicher Lebendigkeit.

Nicht selten werden Wut, Hass, Zorn und Trotz bestraft und das Kind damit veranlasst, seine aggressiven Impulse in sich zu unterdrücken. Es richtet sie gegen sich selbst und entwickelt nicht die Kompetenz, konstruktiv mit dieser seelischen Energie umzugehen. Es lernt vielmehr, sie zu vermeiden. Das führt zu Ängstlichkeit und Hemmungen im Umgang mit anderen und auch mit sich selbst und kann zu körperlichen Symptomen und Krankheiten führen. In seinen Beziehungen erlebt es sich eher angepasst und zuvorkommend. In seinen Träumen meldet sich nun diese unterdrückte Seite seines Wesens. Es spielt die Rolle des Draufgängers und Gewalttäters und lebt in verstärkter, dramatischer Weise aus, was es sich sonst nicht erlaubt bzw. erlauben darf.

Ein recht entspannt dasitzender Mann, Mitte 30 – nennen wir ihn Jan –, erzählt nach meinem Vortrag über Träume einen häufig wiederkehrenden Traum, der ihn sehr irritiert. Er ist förmlich erschrocken und fragt sich, was er denn wohl für ein Mensch sei, dass er solche Träume hat:

Ich bin mit einem Messer bewaffnet. Immer wieder ersteche ich Menschen. Ich bringe sie einfach um.

Er fragt mich, was das wohl zu bedeuten habe, da er sonst ein sehr friedliebender Mensch sei und ein solches Maß an Aggressivität von sich gar nicht kenne, es ihm völlig fremd sei. In dem kurzen Dialog, der sich zwischen uns ergibt, wird Jan klar, dass er aus beruflichen Gründen sein aggressives Potential nicht in einem gesunden Maß leben kann und es sich darum in seinem Traum Ausdruck verschafft. Da kommt ihm die Idee, zum Ausgleich Kampfsport zu betreiben, um etwas für seine seelische Gesundheit zu tun. Ein gute Idee, finde ich. Sein Traum weist ihn darauf hin, selbst für die seelische Balance zu sorgen.

2.4. Konflikte verarbeiten

Heinz, 82 Jahre, lebt allein in der oberen Etage seines Hauses; die untere bewohnt die Tochter mit ihrem Mann. Er ist sehr krank, und es scheint, dass er nicht mehr lange leben wird. Ich besuche ihn gelegentlich. Er erzählt aus seinem Leben und immer wieder stolz von seinem Haus, das er mit eigenen Händen in den kargen Zeiten des 2. Weltkrieges gebaut hat. Ich gewinne den Eindruck, dass mein pastoraler Altenbesuch zunehmend den Charakter einer Sterbebegleitung annimmt. Eigentlich ist er ja auch bereit zu gehen, und manchmal freut er sich sogar auf den Himmel. Die Rührung in seinen Augen bei diesem Ausblick ist nicht zu übersehen.

Nach einem Krankenhausaufenthalt – die Angehörigen rechneten schon nicht mehr damit, dass er ihn überleben würde – erholt er sich wieder etwas. Mir kommt die Frage, was ihm den Abschied aus diesem Leben schwer macht, zumal er eine große Erleichterung für ihn wäre. Ob er doch zu sehr an seinem Leben, vielleicht an seinem Haus, seinem Lebenswerk, festhält und es nicht loslassen kann? Befindet er sich möglicherweise in einem Loslösungskonflikt? Einerseits steht er vor der Aufgabe, sich von seinem Leben zu verabschieden, und andererseits will er festhalten, was ihm lieb und teuer ist – sein Haus.

Wieder zu Hause erzählt er mir bei einem weiteren Besuch einen Traum, den er vor ein paar Tagen träumte:

Ich gehe noch einmal durch jedes Zimmer meines Hauses und sehe es mir genau an. Ich erinnere mich dabei noch einmal daran, wie alles entstanden ist. Wenige Tage später stirbt Heinz. Als ich es erfahre, fällt mir sofort sein Traum ein. Die Nachricht bestätigte, was ich damals bei meinem letzten Besuch nur ahnte. Im Traum hat Heinz sich von seinem Haus verabschiedet. Bewusst war er dazu nicht in der Lage gewesen. Bewusst hatte er seinen Abschiedskonflikt nicht gelöst. Diese Aufgabe hat sein Unbewusstes in Gestalt seines Traumes übernommen. Dieser Teil seiner Seele hat für ihn geschafft, was er im Wachbewusstsein nicht vermochte. Der Traum löste den inneren Konflikt.

Innere Konflikte spielen sich häufig zwischen den vitalen Bedürfnissen und diese verbietenden inneren Instanzen ab. Aus psychoanalytischer Perspektive handelt es sich um Konflikte zwischen dem sogenannten „Über-Ich" und dem „Es". Transaktionsanalytiker würden sagen: Eltern-Ich und Kind-Ich liegen miteinander im Clinch. Der Moralapostel und Sittenwächter gönnt dem Kind keinen Spaß.

Norbert, Angestellter in einer kleineren Firma, träumt, dass er am Ufer des Flusses sitzt, der durch seine Heimatstadt fließt, und angelt. Plötzlich hört er ein lautes Hupen hinter sich. Als er sich umwendet, erkennt er den großen schwarzen Mercedes seines Chefs. Er verlässt seine Angel und geht missmutig zur Arbeit. Viel lieber wäre er am Fluss geblieben.

In der Arbeit mit dem Traum erkennt Norbert in dem Wagen des Chefs seinen Vater, der ihn immer wieder vom Spiel wegholte und ermahnte, nicht müßig zu sein. Der Traum signalisiert ihm, beide Bedürfnisse miteinander zu versöhnen, dem Spiel und der Arbeit genügend Zeit zu geben und so den inneren Konflikt zu lösen.

2.5. Werden, der ich sein kann

Träume geben wichtige Impulse zur Persönlichkeitsentwicklung. Sie zeigen, welche Lebens- und Entfaltungsmöglichkeiten im Menschen stecken. Man spricht dann von Individuationsträumen. Vor allem Carl Gustav Jung, ein Schüler von Sigmund Freud, hat, wie später noch zu zeigen sein wird, die Entwicklung fördernde Kraft des Traumes herausgestellt.

Dazu ein Beispiel aus meiner Familie: Heiligabend 1995. Geschenke werden ausgepackt. Meine Frau überrascht mich mit einem Keyboard, das ich mir seit Längerem gewünscht hatte. Unsere Tochter Sonja, damals acht Jahre alt, interessiert sich für die schwarzen und weißen Tasten. Zwei Tage später hatte sie einen Traum und erzählt ihn mit einer bemerkenswerten Bestimmtheit, die uns Eltern aufhorchen ließ:

1. Szene: *Ich sitze am Klavier. Neben mir sitzt mein Klavierlehrer und unterrichtet mich.*

2. Szene: *Es ist Gottesdienst. Die Gottesdienstteilnehmer haben Platz genommen. Ich sitze am Klavier und gebe ein Konzert.*

Wir nahmen diesen Traum ernst. Wir kauften zwei Monate später ein Klavier und Sonja erhielt Unterricht. Im Laufe der Zeit stellte sich immer mehr heraus, dass es ihr Instrument wurde. Inzwischen spielt sie leidenschaftlich gerne. Die Entwicklung einer Begabung zeigte sich im Traum und wurde aufgegriffen. Wir empfanden Sonjas Traum als eine hilfreiche Unterstützung in unserem Bemühen, ihre Begabungen zu entdecken und zu fördern. Er ist ihr noch heute, acht Jahre später, in deutlicher Erinnerung. Inzwischen ist die zweite Szene verwirklicht. Sie wirkt gelegentlich musikalisch bei der Gestaltung von Gottesdiensten mit.

Individuationsträume zeigen, was es noch im Leben zu verwirklichen gilt. Sie laufen der eigenen Entwicklung voraus und bieten deshalb eine hilfreiche Orientierung für die Lebensgestaltung. Auch in den Erzvätergeschichten des Alten Testaments kommt ein Traum vor, in dem sich die Zukunft andeutet. Josefs (Traum-)Karriere am Hofe des Pharaos in Ägypten und das spätere Machtgefälle zu seiner Ursprungsfamilie zeigen sich bereits in seinen frühen Träumen an (1. Mose 37,1–11).

2.6. Getrenntes zusammenfügen

Die Seele möchte abgespaltene Persönlichkeitsanteile, also stark unterdrückte Wesenszüge und Verhaltensweisen integrieren, d. h. miteinander in Harmonie bringen. Sie kann das nicht aus sich heraus allein und für sich bewältigen. Dazu bedarf es der Unterstützung und Begleitung eines Therapeuten oder eines Seelsorgers mit therapeutischer Kompetenz. Das folgende Beispiel will vor Augen führen, wie das gelingen kann. Ich hoffe, damit zeigen zu können, welche Chancen und Möglichkeiten die vertiefende und erlebnisorientierte Arbeit mit Träumen bietet. Es kommen dabei Techniken zu Anwendung, die dem Leser, der die Gestalttherapie nicht kennt, vielleicht fremdartig erscheinen mögen. Wer sich aber darauf einlässt, wird sie ohne Frage als Bereicherung erleben.

Sylvia, eine 37-jährige Hausfrau, sucht Hilfe auf. Sie kommt mit ihrer Wut nicht klar. Nach außen ist alles in bester Ordnung. Sie hat einen liebevollen Ehemann, drei gesunde Kinder und ist mit ihrem Leben zufrieden. In ihrer Freizeit arbeitet sie ehrenamtlich in ihrer Gemeinde mit und könnte eigentlich dankbar sein – wenn da nur nicht immer wieder diese Wutausbrüche wären. Sie weiß sich nicht zu helfen. Der gut gemeinte Rat ihrer Freundinnen führt zu keiner Veränderung.

Immer wieder einmal rastet sie ohne ersichtlichen Grund einfach aus, und ihr Mann und die Kinder kriegen es ab. Hinterher tut es ihr furchtbar leid, und sie quält sich mit Schuldgefühlen. Sie

möchte dahinterkommen, was mit ihr los ist. Zur fünften Beratungssitzung bringt sie einen Traum mit, den sie schon häufiger geträumt hat und der sie sehr beschäftigt. Sie meint, er sei wichtig, und sie möchte ihn in dieser Sitzung bearbeiten. Sie träumte:
Auf einem großen Grundstück stehen zwei Gebäude, ein Haus und eine Garage. Ich befinde mich in dem Wohnhaus. Es sind auch noch andere Leute da. Ich weiß aber nicht, wer es ist. Plötzlich höre ich Kindergeschrei aus der Garage. Es ist ein erbärmliches Weinen. Sofort gehe ich hin und sehe nach. Ein kleines Mädchen sitzt auf dem Boden – ganz allein. Ich will zu ihm, um es in meine Arme zu schließen und zu trösten. Die Garagentür ist abgeschlossen, und ich habe keinen Schlüssel.

(Th = Therapeut / Kl = Klientin)

Th: Wann haben Sie diesen Traum geträumt?

Kl: Vor zwei Tagen das letzte Mal. Der Traum kommt so ähnlich ungefähr alle paar Monate vor. Das erste Mal, glaube ich, einige Wochen nach der Geburt unserer zweiten Tochter. Danach kam dann noch Marc, unser Jüngster.

Th: Was war in den letzten Tagen Besonderes?

Kl: Eigentlich nichts. Nur etwas mehr Stress als sonst. Vanessa war krank und konnte nicht in den Kindergarten.

Th: Was fällt Ihnen zu dem Traum ganz allgemein ein?

Kl: Darüber habe ich auch schon nachgedacht – aber mir ist nichts dazu eingefallen…

Th: …und zu den einzelnen Traumteilen: dem Haus, der Garage, dem Kind, dem Grundstück?

Kl: *(überlegt einen Moment, schüttelt den Kopf)* Nee, erinnert mich an nichts.

Th: Was interessiert Sie denn an diesem Traum besonders, welches Traumteil? Wenn Sie sich das Traumbild dreidimensional vorstellen, was steht für Sie im Vordergrund?

Kl: Das weinende Kind! Das kann ich nicht vergessen. Immer wenn ich an diesen Traum denke, steht mir das Kind vor Augen.

Th: Kennen Sie es?

Kl: Nein.

Th: Erinnert Sie das Mädchen vielleicht an jemanden aus ihrem Leben?

Kl: Wo Sie mich so allgemein fragen – es hat den gleichen Pullover an, den ich auf einem Kinderfoto von mir getragen habe. Komisch, diese Ähnlichkeit.

Th: Wie alt waren Sie damals? Können Sie sich noch erinnern?

Kl: Ich schätze mal vier Jahre oder auch fünf, so ungefähr.

Th: Ich schlage Ihnen vor, sich mit dem Kind in Ihrem Traum einmal zu identifizieren, in seine Haut schlüpfen, ihm Ihre Stimme zu leihen. Geht das?

Kl: Bisschen merkwürdig. Das hab' ich noch nie gemacht. Ich probiere es. Also: Ich bin das Kind in Sylvias Traum. Ich bin zwischen vier und fünf Jahre alt und sitze in der Garage. Es ist niemand da. Ich schreie, weil ich so allein bin. *(aggressiver)* Ja, hört mich denn keiner? Weiß denn keiner, wo ich bin …? *(Ihre Stimme bricht ab, sie hält inne.)*

Th: *(ich habe den Eindruck, dass da noch mehr aus ihr herauswill)* Versuchen Sie, diese beiden Sätze „Hört mich denn niemand? Weiß denn keiner, wo ich bin?" noch einmal etwas lauter zu sagen.

Kl: *(fast schreiend)* Ja, hört mich denn keiner?!! Weiß denn niemand, wo ich bin?!!

Th: Noch lauter!

Kl: *(schreit protestierend aus sich heraus:)* Hört mich denn keiner?!!!! *(Tränen schießen ihr in die Augen, sodass sie den zweiten Satz nicht mehr sagen kann)* Scheiße! *(schluchzend)* Diese Einsamkeit…

Th: Einsamkeit tut weh.

Kl: Verdammt weh. *(weint weiter)* Ich habe sie immer geahnt, diese Einsamkeit, und manchmal diesen Schmerz empfunden, aber jetzt erst habe ich ihn richtig gespürt. Woher kommen diese Einsamkeit und dieser Schmerz bloß?

Th: Ich weiß es noch nicht. *(ich warte, bis sie sich etwas beruhigt hat)* Übernehmen Sie doch mal die Rolle der Garage in ihrem Traum.

Kl: Ja, ich versuche es einmal.

Th: Sprechen Sie zu dem Kind, wenn Ihnen das möglich ist.

Kl: *(schaut mich erstaunt und skeptisch fragend an)*

Th: Probieren Sie es.

Kl: Ich bin die Garage in Sylvias Traum. Ich bin da, um dich zu schützen. Hier bei mir sollst du sicher sein. Ich weiß nicht, was mit dir los ist. Ich kann dir einen trockenen Platz bieten, aber ich kann dich nicht trösten… *(Pause)*

Th: Ja, weiter so.

Kl: Mich gibt es schon ganz lange… *(hält plötzlich inne)*

Th: Ja, was ist?

Kl: *(nun zu mir gewandt)* Mir fällt unsere Backstube ein. Wir hatten zu Hause eine Bäckerei. Mutter war im Laden hinter der Theke, und Vater hat in der Backstube gearbeitet. Da habe ich oft, wenn ich aus dem Kindergarten kam, nachmittags gesessen, stundenlang.

Th: Ja, wie war das?
Kl: Wie das war? Die waren immer beschäftigt, und ich musste mich auch beschäftigen – allein. Ich saß halt in meiner Ecke. Gespielt hat mit mir niemand. *(ihre Stimme wird schwächer, sie schluckt)* So war das halt. Die Eltern mussten ja arbeiten. Das war ganz normal für mich, da in der Backstube zu hocken. Manchmal saß ich auch auf der Treppe zum Laden und habe gehört, was die Kunden so reden… *(nachdenklich, in sich gekehrt).*

Th: Wie finden Sie das denn?
Kl: Damals kannte ich ja nichts anderes. Es war normal für mich. Wenn ich mir das heute so betrachte, ich bin ja schließlich selbst Mutter… dann finde ich das einfach nicht in Ordnung. Dann kann ich sauer werden – so darf man nicht mit Kindern umgehen.

Th: Wie darf man nicht mit Kindern umgehen?

Kl: Ich saß im Abseits, wie auf einem Abstellgleis. Das Geschäft, die Leute *(verächtlich betonend)*, die Kundschaft waren wichtig. Mit denen hat Mutter geplaudert. Die waren wohl auch interessanter als ich. Deren Geschichten hat Mutter sich angehört. Wollte ich mal was, dann hatte sie keine Zeit, *(wütend)* irgendein Depp stand dann wieder in der Ladentür.

Th: Die fremden Leute waren wichtiger als das eigene Kind?

Kl: Genau. Genauso fühlte sich das auch an. Jetzt, wo Sie es so sagen, fällt es mir erst richtig auf. *(holt tief Luft, sieht mich an)*

Th: Möchten Sie das Ihrer Mutter einmal sagen, wie es Ihnen mit dieser Behandlung jetzt geht?

Kl: *(irritiert)* Wie meinen Sie? Soll ich Sie vielleicht anrufen? Das bringt doch nichts. Die hört doch eh nicht zu. *(wütend)* Die hat mir noch nie richtig zugehört!

Th: Nein. Ich meine, Sie könnten sich vorstellen, Ihre Mutter säße dort auf dem freien Stuhl. Setzen Sie sich die Mutter in Gedanken dort hin. Geht das für Sie?

Kl: Etwas ungewöhnlich, aber ich will es versuchen.

Th: Okay. Schauen Sie mit Ihren inneren Augen genau hin, wie sie dort sitzt.

Kl: Wie immer! Sie guckt mich erst gar nicht an, lenkt sich wieder mit irgend etwas ab.

Th: So kennen Sie sie. Wie könnten Sie ihre Aufmerksamkeit gewinnen?

Kl: Ich müsste sie direkt und bestimmt ansprechen.

Th: Okay. Machen Sie das.

Kl: *(mit herausfordernder Stimme)* Mutter, ich möchte mit dir etwas besprechen, das mir wichtig ist. *(Tonfall wird wieder leiser)* Du hast mich damals einfach auf die Seite gepackt. Für die wehrte Kundschaft hattest du immer Zeit. Denen hast du zugehört, *(ironisch)* das war ja auch interessanter. Die waren alle wichtig, und ich saß nur in der Ecke rum… *(Pause)*

Th: Haben Sie Ihre Mutter erreichen können?

Kl: Nein, nicht wirklich, ich glaube nicht.

Th: Ich glaube es auch nicht. Versuchen Sie nochmals, Ihre Botschaft an die Mutter zu richten, vielleicht in einem einzigen Satz. Wie könnte der lauten?

Kl: *(überlegt einige Augenblicke, dann)* Mama, du hast mich nicht gesehen.

Th: Okay. Sagen Sie es ihr.

Kl: *(zur Mutter im leeren Stuhl gewandt)* Mama, du hast mich nicht gesehen!

Th: Was meinen Sie, hat sie es gehört?

Kl: Ich weiß nicht recht.

Th: Vielleicht müssen Sie noch eindringlicher werden – und lauter.

Kl: *(schreit)* Mama!! Du hast mich nicht gesehen!! Ich hätte dich so gebraucht!!!

Th: Jetzt ist es angekommen.

Kl: Ja. Das tat gut. Sie hat mir endlich einmal zugehört. Und ich möchte ihr noch mehr sagen. *(zur Mutter gewandt)* Mama, ich habe dich so vermisst. Du warst zwar immer körperlich da, aber innerlich so weit weg von mir. Ich hätte so gerne deine Aufmerksamkeit gehabt. *(fängt an zu weinen)*

Th: Ja, zeigen Sie ihr auch Ihren Schmerz, Ihre ungestillte Sehnsucht.

Kl: *(weint)* Wer sollte denn für mich da sein, wenn nicht du? Ich bin doch dein Kind. Du hast mir so gefehlt.

Th: *(nach einer Pause)* Vielleicht möchten Sie hören, was Ihre Mutter dazu sagt?

Kl: Ja, geht das denn?

Th: Nun, Sie könnten da auf dem Stuhl Ihrer Mutter Platz nehmen und in ihre Rolle schlüpfen.

Kl: *(wechselt den Stuhl und tauscht damit die Rolle)*

Th: *(zur Kl/Mutter gewandt)* Sie haben gehört, was Ihre Tochter Ihnen gesagt hat. Möchten Sie darauf antworten?

Kl/M: *(zur Tochter gewandt, die jetzt auf dem leeren Stuhl „sitzt")* Kind, das habe ich nicht gewusst. Du machtest immer so einen zufriedenen Eindruck, da habe ich gedacht, es ist in Ordnung so.

Es tut mir leid. Ich hab's nicht gemerkt. Ich hab' dich doch lieb. *(Pause)*

Th: Noch etwas?

Kl / M: Es tut mir so leid. Gut, dass du mir das gesagt hast.

Th: *(zu Kl)* Nehmen Sie bitte wieder auf Ihrem Stuhl Platz. *(wechselt in ihre ursprüngliche Rolle)* Wie geht es Ihnen mit dem, was Ihre Mutter sagte?

Kl: Gut. Ja, ich spüre, sie mag mich. Dass Sie meinen Vorwurf ausgehalten hat, hat mich überrascht.

Th: Möchten Sie ihr noch etwas dazu sagen, zum Abschied?

Kl: Ja. *(zur Mutter gewandt)* Ich hab' dich auch lieb. Ich verzeihe dir. Mach's gut. *(Kl sitzt entspannt da und schaut mich mit klarem Blick an)*

Th: Wie geht es Ihnen jetzt? Was ist Ihnen klar geworden?

Kl: Mir geht es gut. Ich fühle mich, als ob ich eine schwere Last losgeworden bin. Mir ist jetzt klar, dass ich mich für meine Bedürfnisse einsetzen kann und dass meine Aggression akzeptiert wird.

Th: Was wollte der Traum Ihnen sagen?

Kl: Ich denke, dass das schreiende Kind im Traum ich selbst war, und dass er mir sagen will: Ich kann für meine Bedürfnisse sorgen, und ich darf vorkommen.

Th: Das kann ich nur bestätigen. Mir scheint, dass Ihnen Ihr Traum Ihre Bedürftigkeit gemeldet hat und Sie ihr Beachtung schenken dürfen. Sie haben Power, und die nutzen Sie auch für sich selbst.

Kl: Das werde ich. Ich glaube, ich kann es jetzt auch wirklich. *(kopfschüttelnd)* Wozu doch so ein Traum gut ist. Hätte ich nicht gedacht. Da wäre ich so nicht drauf gekommen.

Zu dieser gestalttherapeutischen Traumarbeit noch einige erläuternde Anmerkungen: Über die Identifikation mit den Traumgestalten „Kind" und „Garage" wurden thematische und emotionale Inhalte nacherlebt. Das führte zu einer biografischen Szene der Träumerin, die durch den Ausdruck von Wut und Schmerz emotional nachträglich abgeschlossen werden konnte. Der innere Konflikt zwischen Bedürfnis und Versagung wurde mit der Technik des Rollendialogs sichtbar gemacht und gelöst. Die Träumerin kam in Kontakt mit ihren aggressiven[17] Gefühlen, die sie braucht, um sich für die Erfüllung eigener Bedürfnisse einzusetzen und sich gegen Ansprüche anderer abzugrenzen.

Die emotionale Bearbeitung dieser Szene brachte Sylvia in Kontakt mit den verdrängten Gefühlen, sodass nicht nur ihre seelische Verletzung heilte. Die Kraft, die eigenen Bedürfnisse ernster zu nehmen und sich um ihre Erfüllung zu kümmern, wurde wiedergewonnen und stand Sylvia für ihren Alltag zur Verfügung. Die Wutausbrüche, Anlass für die Beratung, waren eine Reaktion auf die unbemerkte Vernachlässigung eigener seelischer Bedürfnisse.

Die nächsten drei Sitzungen dienten dazu, Sylvias neue Erfahrungen mit der gewonnenen Selbstfürsorge zu stabilisieren, weil ihr Ehemann dieses neue Eintreten für sich selbst nicht nur begrüßte. Die Beziehung erhielt aber dadurch mehr Lebendigkeit und wurde im doppelten Sinne spannender. Sylvia fühlte sich innerlich unabhängiger von dem Verhalten anderer Menschen und vor allem ausgeglichener, sodass die vormals beunruhigenden Wutanfälle nicht mehr auftraten.

3. Kino im Kopf – Was ist ein Traum?

> Träume sind Gespräche mit uns selbst, ein Dialog aus Symbolen und Bildern, der zwischen der unbewussten und bewussten Ebene des Geistes stattfindet.
>
> *David Fontana*

Träumen ist aufregender als Fernsehen und spannender als Kino. Die Dramatik der Träume folgt einer anderen Logik, als sie unser Wachbewusstsein gewöhnlich kennt. Physikalische Gesetze von Raum, Zeit und Ereignis werden verändert und manchmal ganz aufgehoben. Träume bieten eine Erlebnisintensität, die man sich im Alltag nicht einmal „träumen" lässt. Der träumenden Fantasie sind keine Grenzen gesetzt, und alles findet im Gehirn statt. Eine Wahrheit, die Hippokrates bereits vor über 2500 Jahren, im 5. Jahrhundert v. Chr., in Worte fasste:

„Und die Menschen sollen wissen, dass von nichts anderem als vom Gehirn Freude, Lachen, Humor wie auch Leid, Kummer, Verzweiflung und Wehklage kommt. Und vom Gehirn erwerben wir, in einer speziellen Art Einsicht und Wissen und Sehen und Hören, und erkennen, was widerwärtig und was schön ist, und was süß und was unschmackhaft (…) und vom gleichen Organ werden wir verrückt und wahnhaft, und Ängste überfallen uns während des Tages und Träume in der Nacht."[18]

Um seine Arbeit zu verrichten, hält das Gehirn über seine neuronalen Netzwerke pausenlos, also auch im Schlaf, Kommunikationskreisläufe in Gang, über die ständig Informationen und Daten verarbeitet werden. Was passiert, wenn wir schlafen, und wie lassen sich die Funktion und Bedeutung der Träume im Rahmen dieser

Kommunikationskreisläufe erklären? Welche Rolle spielen sie dabei?

Die Schweizerin *Martha Koukkou-Lehmann* hat auf der 3. Internationalen Traumtagung 1995 ein systemtheoretisches Erklärungsmodell der Hirnfunktionen vorgestellt, das auf viele Träume zutrifft, vor allem auf solche, die dem persönlichen Unbewussten zugeordnet werden können. Ihr Modell zeigt, wie Träume zustande kommen und welche Funktion sie übernehmen.

3.1. Psychobiologische Aspekte des Träumens

Herzstück des Erklärungsmodells ist die Funktion des „Arbeitsspeichers". Er ist so etwas wie eine sich ständig verändernde Datenverarbeitungsorganisation. Die jeweilige Zusammensetzung des Arbeitsspeichers, auch funktioneller Hirnzustand genannt, bestimmt über Verhalten und Lebensäußerung der Person. Man kann sich das dynamische System vereinfacht so vorstellen:

Die Wahrnehmungsorgane (Sinne) leiten ihre Informationen an eine Instanz weiter, die diese Daten in das nächste Element des internen Kommunikationssystems einspeist, etwa vergleichbar mit der Funktion eines Softwaretreibers, z. B. eines Modems am PC. Die Datenübertragung aus der Telefonleitung an den Rechner funktioniert nur, wenn die Daten „verstanden", d. h. verwertet werden können, indem der Treiber sie an das Betriebssystem weiterleitet. Sie werden im Rechner bearbeitet, und der empfangene Text wird auf dem Monitor lesbar.

Ein anderes Beispiel: Das menschliche Auge nimmt den Apfel (Lichteinfall auf die Netzhaut) wahr und leitet diese Lichtsignale an den für das Sehen zuständigen Bereich im Gehirn weiter. Dort wird die optische Einwirkung mit dem gespeicherten inneren (abstrakten) Bild des Apfels verglichen und als vertraut bewertet. Der Apfel ist als solcher erkannt. Danach wird die Information, das genehmigte Bild, einem nächsten Element des internen Kommunikationskreises zugeführt, das die Information emotional ergänzt und bewertet. Ein oder mehrere Gefühle behaften den Gegenstand. Dann erst dringt das wahrgenommene Phänomen „Apfel" zum Arbeitsspeicher vor. Dieser hat den Zugang zu den Archiven des Langzeitgedächtnisses (Summe des abgespeicherten Wissens) und zu den inneren (leiblichen) und äußeren (Umwelt) Realitäten. Er hält viele Prozesse gleichzeitig in Gang: das Lustempfinden, wie lecker der Apfel schmecken würde; die augenblickliche Ruhe in der Magengegend („Ich habe keinen Hunger") und die Erinnerung an den Apfel, den sein Besitzer zuletzt gegessen hat. Des Weiteren ist der Gedanke präsent, dass Obst gesund ist, und vielleicht auch ein Blick in die Zukunft: Wann werde ich wohl wieder einen Apfel zu essen bekommen? In Millisekunden erarbeitet der Arbeitsspeicher eine Antwort für den Umgang mit dem vor mir liegenden Apfel. Der momentane funktionelle Hirnzustand antwortet mit der Überlegung (Denken): Ich kann den Apfel später essen. Er antwortet auch emotional (Gefühl): Es wäre schön, in den Apfel zu beißen. Diese Annehmlichkeit will ich mir nicht entgehen lassen. Und schließlich schlägt der Arbeitsspeicher eine Handlung (Verhalten) vor: Nimm ihn mit, um ihn später zu genießen. Der Mensch greift zu und steckt den Apfel in die Tasche.

Die funktionellen Hirnzustände verändern sich ständig und weisen unterschiedliche Grade an Intensität und Leistung (Konzentration) auf. Hirnzustände sind das dynamische Organisationselement der menschlichen Schaltzentrale. Sowohl äußere, aus der unmittelbaren Umgebung auftauchende Reize als auch (innere) Körpersignale beeinflussen die Zusammensetzung und die Aktivität des Arbeitsspeichers.

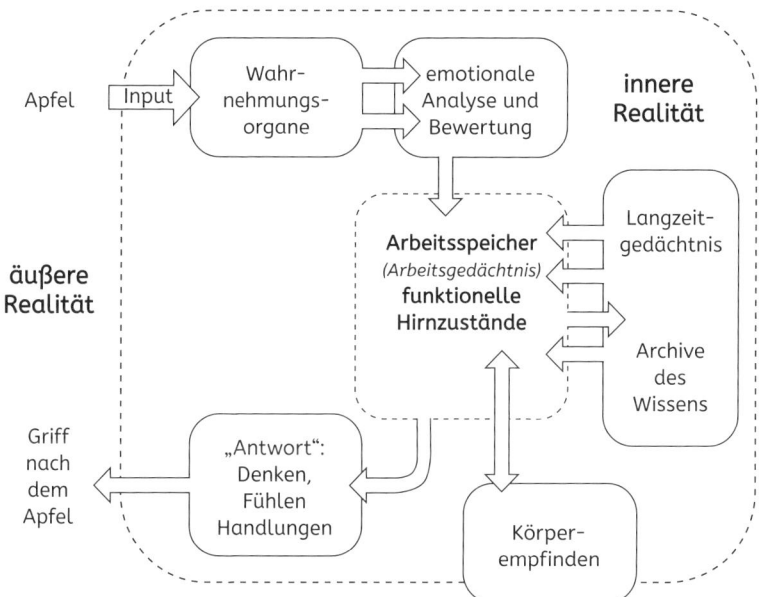

Schema des Kommunikationskreislaufs

Den dynamischen Charakter des Arbeitsspeichers mag folgende Alltagsszene, die jeder vielleicht schon einmal in ähnlicher Weise erlebt hat, deutlich machen:

Ich sitze im Wohnzimmer in einem Sessel. Da dringt der Wunsch (innerer Impuls: Informationsbedürfnis) in meinen Arbeitsspeicher, mir die Zeitung zu holen. Sie ist in der Küche. Der Arbeitsspeicher gibt der Körpermotorik die nötigen Impulse (Verhalten), sodass ich mich auf den Weg zur Küche mache. Ich komme am Telefon vorbei, und es fällt mir ein, dass ich noch einen Anruf erledigen wollte. Das Licht beider (!) Lampen der Flurbeleuchtung streift mein Auge, und ich erinnere mich ärgerlich an die letzte Stromrechnung. In der Küche angekommen, hat sich der funktionelle Hirnzustand aufgrund der erwähnten äußeren Reize und ihrer emotionalen Dimension inzwischen mehrfach verändert, sogar so weit, dass er bereits aussortiert hat, warum ich zur Küche unterwegs bin. Ich weiß nicht mehr, warum ich jetzt hier in der Küche stehe und was ich hier will. Der Gedanke an die Zeitung wurde von anderen Inhalten verdrängt, die mir unterwegs durch den Kopf gegangen sind. Trotz intensiven Nachdenkens komme ich nicht mehr darauf. Was mache ich? Ich versuche, mich dem funktionellen Hirnzustand, der vor 20 Sekunden aktuell war, wieder anzunähern, indem ich ins Wohnzimmer zurückkehre und mich in meinen Sessel niederlasse. Just fällt es mir wieder ein: die Zeitung.

Im Laufe seiner Reifung vom Kind zum Erwachsenen entwickelt der Mensch immer mehr Organisationsformen seiner funktionalen Hirnzustände. Die Komplexität der neuronalen Netzwerke (die Verknüpfungen von Nervenbahnen, sogenannte Synapsen) nimmt ständig zu. Es gibt „höhere" (erwachsene, mehr kognitiv ausgerichtete) Ausprägungen und „niedere", biografisch jüngere Verfassungen des Arbeitsspeichers, die dem erwachsenen Menschen oft nicht mehr zugänglich sind. Sie unterscheiden sich durch den Grad an Komplexität ihrer neuronalen Netzwerke.

Manche, insbesondere ältere Hirnzustände sind im Wachzustand nicht ohne Weiteres und oft gar nicht mehr zugänglich, sodass auch die Gedächtnisinhalte, die zu diesen Formen gehören, verschlossen bleiben. Zwar ist der Kontakt seitens der niedrigeren Organisationsform zu den höheren möglich, er kann aber, außer im Schlaf, nicht umgekehrt erfolgen.

Ein Beispiel: Am Abend vor einer Prüfung in müdem Zustand Gelerntes wird am nächsten Morgen (in der Aufregung der Prüfung = „höhere" Organisationsform des Arbeitsspeichers) nicht erinnert; danach – bei Entspannung – ist alles wieder erinnerbar.

Ein anderes Beispiel ist das Vergessen von Kindheitserinnerungen: Erlebnisse aus dem Kleinkindalter können von Erwachsenen im wachen Zustand nicht mehr erinnert werden. Von den „höher" organisierten funktionellen Hirnzuständen des Erwachsenen ist ein Zugang zu den „niedrigeren" (weniger komplexen) Organisationsformen der Kindheit nicht möglich. Hingegen kann von „niedrigeren"

Zuständen aus gut gelerntes Material „höherer" Organisationsformen aktiviert werden. Man nennt dieses Faktum die Asymmetrie des Gedächtnisses. Beispiel: Der in der Klasse vor sich hin dämmernder Schüler erkennt seinen Namen bei Anruf sofort.

In den nächtlichen bzw. nachmittäglichen Schlafphasen werden die niedrigeren Organisationsformen wieder aktiviert, und der je aktuelle Arbeitsspeicher schafft neue Verknüpfungen zwischen den früheren und den jüngeren Wissensbeständen. Biografisch ältere Formen mit ihren Inhalten werden „re-installiert".

Dazu *Koukkou-Lehmann:* „Der Mensch durchläuft während des Schlafes vielfache funktionelle Hirnzustände, die dem ‚Wiederzugänglichmachen von Gedächtnisspeicher' der Kindheit entsprechen; der Schlafende geht im Schlaf vielfach seine Biografie durch. Im Schlaf treten also funktionelle ‚Regressionen' der Hirnfunktionsweise ein. Diese ‚Regressionen' stellen die psychobiologische Signifikanz des Schlafes dar."[19] Der Mensch träumt demnach in allen vier bekannten Schlafphasen.

Denselben Zusammenhang noch einmal etwas anders formuliert: „… früh erworbenes Wissen (Daten, Fertigkeiten und kognitiv-emotionale Strategien), das in der Wachheit wegen der höheren Organisationsformen des neuronalen Netzwerkes für die Gestaltung der Interaktion mit den Realitäten (individuelle Innen- und Außenrealität, d. V.) nicht mehr zur Verfügung steht, kann im Schlaf wieder ‚gefunden' werden"[20].

Das erklärt, weshalb in den Träumen eines erwachsenen Menschen Kindheitserlebnisse anklingen, zu denen er im Wachzustand keinen Zugang findet, bzw. sich nicht an sie erinnern kann. Diese Beobachtung bestätigt Freud im Blick auf seine vielzitierte Bemerkung, der Traum sei der „Königsweg zum Unbewussten".

Das Gehirn sortiert, bearbeitet und speichert das im Wachzustand erworbene Wissen (die „Fütterung" des Arbeitsspeichers und seine Aktivität) neu ab. Der Datenmix wird dabei verändert, reorganisiert und ins kognitive System eingepasst. Jeder kennt die

Empfehlung, bei einer anstehenden wichtigen Entscheidung erst einmal eine Nacht darüber zu schlafen. Im Schlaf bereitet das Gehirn die frischen Informationen auf, indem es sie mit vorhandenem (bewusstem und unbewusstem), abgespeichertem Wissen („auf der Festplatte") verknüpft und so umfassender bearbeitet, d. h. in das Gesamtsystem einordnet. Sie werden in neue Zusammenhänge gestellt. Am nächsten Tag sieht man die Sache in einem etwas anderen Licht und kommt zu einer Entscheidung, die tags zuvor möglicherweise so nicht ausgefallen wäre.

Träume sind die Spuren der nächtlichen Gehirnarbeit bei der Umorganisation der gesammelten und gespeicherten Daten. Sie sind die erinnerungsmöglichen Wirkungen der Nachtschicht neuronaler Netzwerke. Der Traum ist somit Ausdruck einer höchst kreativen Leistung des Gehirns. Durch die Umorganisation der gespeicherten Daten entstehen unzählige neue Verknüpfungen, neue Bezüge und Zusammenhänge innerhalb des vorhandenen Wissens, die zu neuen Sinngebungen führen. In den Träumen zeigen sich zukünftige Handlungsmuster und -varianten, Entwicklungsrichtungen der Persönlichkeit (Individuationsträume) und schöpferische Ideen.

Als Beispiel einer träumerisch schöpferischen Leistung aus der Kulturgeschichte der Technik gilt die Erfindung der Nähmaschine. Sie geht auf einen Traum des US-Industriellen Elias Howe zurück. Er träumte von Reitern, deren Lanzenspitzen durchbohrt waren, und durch diese Löcher waren Schnüre gezogen, an denen Wimpel hingen. Dadurch kam er auf die Idee, die Öhre, die sich bei gewöhnlichen Nadeln ja bekanntlich am Schaftende befinden, an der Spitze anzubringen, ein Prinzip, das das Maschinennähen erst ermöglicht.[21]

Träume entstehen durch bestimmte Zusammensetzungen des Arbeitsspeichers, die hauptsächlich während des Schlafens möglich werden. Das Gehirn komponiert ein neues Stück aus alten und neuen Weisen, produziert einen neuen Film aus früheren und jüngeren Stücken des alltäglichen Theaters. Trauminhalte, Traumszenen und -gestalten, Traumelemente, wie auch immer man die einzelnen Aspekte eines Traumes bezeichnen mag, haben einen Bezug zum Leben des Träumers. Sie schöpfen aus den Quellen seiner Biografie. Der Traum wird aus dem Material des gelebten Lebens gestaltetet. Es lagert sowohl in der Gegenwart als auch in der persönlichen Vergangenheit des Träumers. Inzwischen gibt es auch Beobachtungen, die zu der Erkenntnis führen, dass das Material eines Träumers aus dem Leben seiner Eltern stammt.

Diese Beobachtung wird durch die messbare Hirntätigkeit gestützt. Im Wachzustand ist das Mischungsverhältnis der EEG[22]-Wellen von einem Kind im Vergleich zu einem Erwachsenen so verschieden, dass man sie eigentlich nicht miteinander vergleichen kann. Die EEG-Messungen im REM-Schlaf, den sogenannten Leichtschlafphasen, weisen aber eine durchaus vergleichbare und verblüffende Ähnlichkeit zwischen einem Kind und einem Erwachsenen auf.

„Träume erstaunen uns immer wieder, weil sie uns in Situationen versetzen, die unser Tageserleben nicht wirklichkeitsgetreu aufgreifen oder fortführen. Betrachten wir jedoch die einzelnen Bestandteile des Traums, stellen wir fest, dass sie alle aus unseren Wacherfahrungen stammen und nicht zum ersten Mal im Traum auftauchen. Wir erkennen diese Traumelemente, wir können sie bezeichnen, sie sind nicht in sich fremd, sondern *nur ihre Einbettung in die Traumsituation ist ungewöhnlich*. Die Abweichung von der Wirklichkeit, die uns wundert, bezieht sich also nicht auf die Bausteine des Traumes, sondern auf die Art und Weise, wie diese immer wieder neu zusammengefügt werden. *Der Träumer erfindet den Traum,* und daher sind die Quellen aller Traumentwürfe in seinem Gedächtnis aufzuspüren. Die Trauminhalte sind allgemein bestimmt von dem Wissen, über das ein Träumer verfügt, von den Erfahrungen, die er im Laufe seines Lebens gesammelt hat, und von den Gedanken, die er sich über sich selbst und die Welt macht."[23]

Neben der selbststeuernden Eigenleistung des Gehirns während des Schlafens bzw. Träumens ist die Auseinandersetzung mit einem Traum ein weiterer Schritt, Daten in das Gesamtsystem zu integrieren. Dadurch entstehen zusätzliche Verbindungen innerhalb des vorhandenen Wissens, und hilfreiche Selbsterkenntnisse stellen sich ein. Diese wiederum veranlassen den Träumer im Sinne der Traumbotschaft (hoffentlich) zu Änderungen seines Verhaltens und zu Korrekturen seines Lebensstils. Zumindest ist das die Absicht der Traumbotschaft.

Es steht für mich außer Frage, dass sich Gottes schöpferische Weisheit in der Funktion und Aktivität des Gehirns zeigt, dem wichtigsten menschlichen Organ.

Warum bestimmte Träume per Erinnerungsvermögen ins Bewusstsein dringen und andere nicht, bleibt m. E. eine offene Frage. Des Weiteren lässt sich mit diesem Modell nicht klären, in welchen Schlafphasen welche Art von Träumen entstehen. Es führt zu der Frage: Träumen wir in jeder Schlafphase – von der Leicht- bis zur Tiefschlafphase – oder nur in bestimmten?

3.2. Schlaftiefen und die REM-Phasen

Lange Zeit galt in der experimentellen Traumforschung die Gleichung: REM-Schlaf gleich Traum-Schlaf. Die amerikanischen Physiologen *Nathanael Kleitman* und *Eugene Aserinskiy* entdeckten 1963 an der Universität in Chicago den sogenannte REM-Schlaf. Schon 1930 beobachtete *Edmund Jacobson* eine enge Verbindung zwischen Augenbewegungen und Traumtätigkeit. In regelmäßiger Wiederholung trat eine Phase auf, in der sich die Augen hinter den geschlossenen Lidern auffällig schnell hin- und herbewegten. Dieses Phänomen bekam den Namen: Rapid Eye Movement (REM) = dt., schnelle Augenbewegung. Es begleitet als körperliches Symptom die Leichtschlafphase.[24]

Seit 1960 geht man davon aus, dass sich die Schlaftiefen in vier verschiedene Stufen einteilen lassen, von der Leichtschlafphase bis zur Tiefschlafphase. Etwa alle 90 Minuten ist ein solcher Phasenzyklus normalerweise durchlaufen. Wenn jemand beispielsweise um 22.20 Uhr zu Bett geht und nach 10 Minuten, also um 22.30 Uhr einschläft, sozusagen in die Leichtschlafphase eintaucht, kommt er um 0.00 Uhr wieder in der Leichtschlafphase an, um erneut bis in die tiefste Stufe abzutauchen. Um etwa 1.30 Uhr wäre er wiederum in der Leichtschlafphase angelangt und so fort.

Da die Leichtschlafphase dem Wachzustand verständlicherweise am nächsten ist, sind auch die Träume aus dieser Phase leichter zu behalten. Sie sind bewusstseinsnäher. Das hat zu der Annahme geführt, dass man in den anderen Schlafphasen nicht träumt.

Der britische Neurowissenschaftler *Mark Solms* wies in seinen Untersuchungen nach, dass wir auch in den anderen Schlafphasen träumen[25]. Er untersuchte 332 Patienten mit neurologischen Beeinträchtigungen aufgrund von Schädigungen verschiedener Bereiche des Gehirns. In seinen Interviews mit den Patienten legte er den Schwerpunkt auf die Beobachtung, ob sich durch die Beeinträchtigung der Hirnfunktionen eine Veränderung im Blick auf das Träumen ergeben hat. Dabei kommt er zu dem Ergebnis, dass das Träumen sehr wohl möglich ist, auch wenn durch Funktionsausfälle im Hirnstamm keine REM-Schlafphasen mehr auftreten. Darüber hinaus konnte *Solms* feststellen, dass bei der Entstehung von Träumen mehrere unterschiedliche Hirnregionen zusammenwirken.

Mit seinen klinischen Befunden (EEG-Messungen) bestätigte *Solms*, was man mit Versuchspersonen in Schlaflabors herausgefunden hatte, als man sie aus verschiedenen Schlafphasen aufweckte. Aus allen Schlafphasen wurden Träume berichtet. Am besten jedoch konnten sich die Personen an solche Träume erinnern, die sich während der Leichtschlafphase ereigneten.

Und eine weitere Erkenntnis wurde gewonnen. Konnten die Versuchsträumer die Nacht durchschlafen, haben sie sich hauptsächlich an jene Träume erinnert, die sie in der letzten Leichtschlafphase vor dem Aufwachen träumten. Träume aus den vorherigen, „älteren" Leichtschlafphasen dieser Nacht waren verblichen.

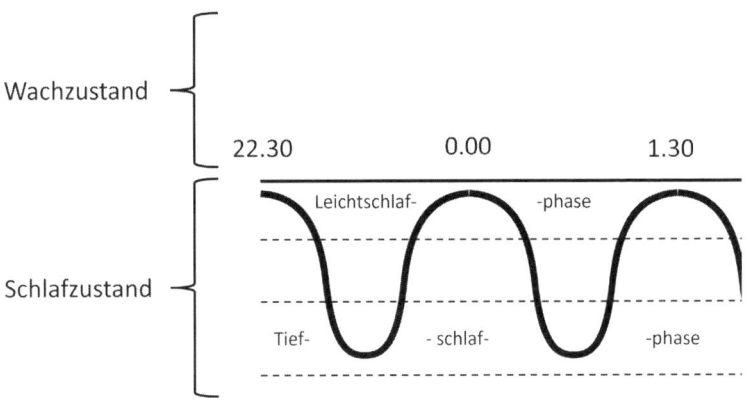

Mit EEG-Messungen hat man festgestellt, dass sich die EEG-Wellen bei dem Übergang von der Wachheit zum Schlaf von schnell zu langsamer hin verändern. Die REM-Phase ist dabei noch durch ein ziemlich flaches EEG mit rascher Aktivität charakterisiert. In allen Schlafphasen treten Mischungen von schnellen und langsamen Wellen auf. Dieses Mischungsverhältnis ändert sich ständig. Je tiefer der Mensch schläft, umso mehr überwiegen die langsamen EEG-Wellen gegenüber den schnelleren.

Wer wenig oder gar nicht träumt, der kann sich unter Umständen die Gelegenheit verschaffen, aus seinen Leichtschlafphasen aufzuwachen. Das gelingt am besten, wenn man ausschlafen kann oder wenn man sich etwa 90 Minuten nach dem vermuteten Schlafbeginn per Weckerklingeln aufweckt.

3.3. Psychologische Definitionen des Traumes

Was meinen wir eigentlich genau, wenn wir von einem Traum als einem seelischen Phänomen sprechen? *C. S. Hall* definiert den Traum folgendermaßen: „Der Traum stellt eine Folge vorwiegend visueller Bilder dar (…). Er hat gewöhnlich eine oder mehrere Szenen, an denen außer dem Träumer noch mehrere Personen und eine Folge von Handlungen und Interaktionen beteiligt sind. (…) Der Träumer ist sowohl Beteiligter als auch Beobachter."[26]

Der Traum ist also ein bildhaftes Ereignis, das sich zu einer Bilderfolge ausweiten kann. Der Träumer ist sowohl Akteur als auch Zuschauer des Geschehens. Manche Träume bestehen aus nur einer einzigen Traumgestalt oder einer Ikone, einem statischen Bild ohne Bewegung, oder es bleibt beim Aufwachen nur noch ein Gefühl, das im Traum erlebt wurde, in Erinnerung. Traumgestalten und Ikonen werden von dem Erwachenden ohne Zweifel als ein Traumstück oder als eine Traumerinnerung identifiziert. Der Träumer erlebt die Traumerinnerung als etwas, das zu ihm gehört, und sei sie noch so fremdartig. Er hat geträumt.

Die umfassendste Definition des Traums wurde nach meiner Kenntnis von *Detlev von Uslar* formuliert. Er unterscheidet drei Elemente, die einen Traum ausmachen: 1. das Träumen selbst (also das Traumgeschehen), 2. der Traum als Umschlag (gemeint sind die sich spontan einstellenden Einfälle zum Traum) und schließlich 3. der Traum als Deutung (der verstandene Sinn des Traumes). Diese drei Aspekte zusammen machen einen vollständigen Traum aus.

Davon unterscheidet *von Uslar* die Traumerinnerung. Schon beim Bewusstwerden des Traumes, und das ist nur aus der Perspektive der Wachheit möglich, wird ein Traum als ein solcher erkannt. Dieses Erkennen des Traumes ist demnach etwas anderes als das Träumen selbst. Beim Aufwachen reagiert unser Bewusstsein auf diese Wahrnehmung („Ich habe geträumt") mit spontanen Einfällen und Einsichten, die sich einstellen, ohne dass wir sie verhindern können. Wir müssen sie zunächst einfach hinnehmen wie das Träumen selbst. Mit der Erinnerung an das Geträumte findet eine erste unbeabsichtigte Verbindung zwischen dem Unbewussten (in Gestalt des Traumes) und dem Bewusstsein (die Registrierung des Traumes) statt.

Diese Begegnung der beiden Erlebniswelten, die des Unbewussten (Traum) und die des Alltags, setzt sich, falls der Träumer sich darum bemüht, in der gezielten Suche nach dem Sinn des Traumes fort. Hier werden die Linien, die sich beim Erwachen manchmal nur ahnungsweise angedeutet haben, weiter gezogen und weiter verfolgt. Der Traum soll durch das Erkennen seines Sinnes, das Vernehmen seiner Botschaft, in die Person und ihren Lebensvollzug integriert werden. Erst wenn dies befriedigend gelungen ist, kann man nach *von Uslar* von einem vollständigen Traum reden.

Als Arbeitsdefinition hat sich für mich folgende, auf drei wesentliche Merkmale beschränkte Formulierung bewährt. Für mich ist ein Traum:

a) eine Schöpfung des Unbewussten,
b) eine szenische Verdichtung von Sinneseindrücken und
c) eine Symbolisierung von Emotionen.

Ganz allgemein lässt sich darüber hinaus im Unterschied zu Tagträumen, Wunschträumen oder Zukunftsträumen sagen, dass der Nacht- oder Schlaftraum ohne Aktivität des Bewusstseins entsteht und eine symbolische Sprache benutzt. Er inszeniert einen Erlebnisraum, der aus Bewegungen, Handlungen, Szenen und manchmal gesprochener Rede besteht. Dabei weist der Erlebnisraum in seiner Struktur große Ähnlichkeiten zu alltäglichen Lebensvorgängen auf.

4. Was ist ein Traumsymbol?

> *Wenn die Seele das Symbol erforscht, wird sie zu Vorstellungen geführt, die jenseits des Zugriffes des Verstandes liegen.*
>
> *Carl Gustav Jung*

Unser alltägliches Erleben spielt sich auf vier verschiedenen Ebenen ab: der Ebene des Realen, der Ebene des Imaginären, der Ebene der Vergegenwärtigung und der Ebene des Symbolischen. Was wir wahrnehmen, wozu wir Kontakt haben, kann man jeweils einer der folgenden vier Ebenen zuordnen.

1. Zunächst wäre da die **Ebene des Realen** zu nennen. Wir bezeichnen sie gewöhnlich als die Realität. Es ist die Ebene der stofflichen, gegenständlichen Welt. Der Holzstuhl beispielsweise, den ich sehe und dessen Form ich wahrnehme, den ich anfasse und über den ich unter Umständen stolpere, ist Teil der materiellen Realität.

2. Eine andere **Ebene** des Erlebens ist die der geistigen Vorstellung, **des Imaginären**. Es ist die Welt der Gedanken. Der gedachte oder vorgestellte Gegenstand ist nicht real gegenwärtig. Ich sehe ihn lediglich mit meinem inneren Auge. Er ist hier und jetzt nur in meinem Bewusstsein vorhanden. Die Ebene des Imaginären ist durch die Vorstellung von etwas gekennzeichnet, das aber selbst nicht anwesend ist.

3. Auf der **Ebene der Vergegenwärtigung** erhält das bloß Vorgestellte eine gefühlsmäßige Erlebnisqualität. Bei der intensiven Erinnerung an eine Szene z. B. aus dem letzten Urlaub kann sich auch das Gefühl von damals gegenwärtig wieder einstellen. Das Bild vor dem inneren Auge wird (wieder) emotional ergänzt. Es existiert im

Moment zwar nur in meinem Bewusstsein, aber ich bin emotional, d. h. mit meinen Gefühlen beteiligt. Auf dieser Ebene werden Tag- und Nachtträume geträumt und auch sogenannte Fantasiereisen erlebt.

4. Zur vierten **Ebene** gehört das Erleben **des Symbolischen**. Das Symbol umfasst eine Wirklichkeit, die über die Sprache mit Worten hinausgeht. Das Erinnern von Traumsymbolen und die Begegnung mit ihnen gehören zu dieser Ebene. In der Arbeit mit einem Traumsymbol (Traumgegenstand oder -gestalt) geschieht zuweilen ein Wechsel von der vierten zur dritten Ebene mittels der Identifikation mit der Traumgestalt (siehe Sylvias Traumarbeit in Kapitel 2).

Woran man sich nach dem Aufwachen oft am besten erinnert, sind die konkreten Szenen und Gegenstände des Traumes, die sogenannten Traumsymbole. Was kann man sich unter einem Symbol vorstellen? Was ist ein Symbol?

4.1. Was ist unter einem Symbol zu verstehen?

Der Begriff „Symbol" ist abgeleitet von dem zusammengesetzten griechischen Verb *συμβάλλειν / symballein* (= sich unterreden, vergleichen, zusammentreffen) und bedeutet in seinem ursprünglichsten Sinn zusammenwerfen, zusammenfallen (*Symbolon* = das Zusammengeworfene). Im Symbol kommen zwei Dinge zusammen und bilden eine Einheit.

In der Antike war ein Symbol ein in mehrere Teile zerbrochener Gegenstand (Tonscherbe, Holzstückchen), der als Erkennungszeichen diente. Die Überbringer einer Nachricht oder die Beteiligten an einem Vertrag wiesen sich damit aus: Wenn die Teile sich zusammenfügen ließen, glaubte man dem Boten, vertraute man seiner Nachricht, genoss der Überbringer Gastfreundschaft, kurz: Die zusammengefügten Teile waren Ausdruck der Wahrheit. Die

Herkunft des Wortes zeigt also, dass es sich um etwas Zusammengefügtes handelt. Aber nicht nur Materielles wird zusammengefügt. Im Symbol werden vor allem zwei Wirklichkeiten, die stoffliche (materielle Realität) und die geistige aufeinander bezogen. Die stoffliche Wirklichkeit, die mit den leiblichen Wahrnehmungsorganen erfasst werden kann, und die Bedeutung, also die geistige Wirklichkeit, auf die das Gegenständliche hinweist, treffen im Symbol zusammen.

Das Symbol weist also über sich selbst hinaus auf etwas Geistiges. Es übernimmt die Funktion eines Zeichens und weist auf das hin, wofür es steht. Darin liegt sein Sinn. *Symballein* gehört zu den Verben der Kommunikation. Das Symbol ist eine Mitteilung ohne Worte. Es spricht für sich selbst und möchte bei dem Betrachter, dem Angesprochenen etwas bewirken. Ich mache das an einigen Beispielen verständlich.

1. Das bekannteste und wichtigste christliche Symbol ist das Kreuz. In vielen Fällen besteht es aus Holz, Metall oder einem anderen stofflichen Material. Es hat meist die Form eines längeren senkrechten Balkens, der von einem Querbalken im oberen Drittel in einem 90°-Winkel durchkreuzt wird. Man kann es sehen und anfassen.

In seiner Bedeutung weist es auf den gekreuzigten Christus hin, durch den Gott die Menschheit mit ihm versöhnte. Indem ich das Kreuz als ein Symbol wahrnehme, erinnert es mich an jene göttlich-heilvolle Tat, von der ich profitiere, sofern ich glaube, dass sie für mich gilt. Diese Bedeutung wird mir durch das Symbol bewusst.

Entscheidend beim Kreuzsymbol ist nicht seine materielle Beschaffenheit (sie hat im besten Fall einen ästhetischen, künstlerischen Wert), sondern die Wirklichkeit, auf die es hinweist, und die Bedeutung, für die es steht. Das Kreuzsymbol kann Gefühle von Erleichterung, Dankbarkeit und Vertrauen in Gottes verlässliche Liebe auslösen und knüpft damit an eine heilsame Erfahrung an.

Während einer Autofahrt vor einiger Zeit sah ich unweit der Autobahn auf einer auffällig hohen Erhebung ein kaum zu übersehendes Gipfelkreuz. Es erinnerte mich an den eben beschriebenen Sachverhalt. Ein Gefühl der Verbundenheit mit Gott durchströmte mich augenblicklich, und ich freute mich an dem Bewusstsein seiner Gegenwart. Diese oder vergleichbare Wirkungen erzielt das Symbol möglicherweise auch in seiner bloß grafischen Gestalt.

Ich lade Sie zu einem Experiment ein. Sie brauchen nichts weiter zu tun, als das untenstehende Kreuzsymbol einige Augenblicke anzuschauen und auf sich wirken zu lassen. Dabei lassen Sie bitte alle aufkommenden Gedanken und Gefühle zu, ohne dies irgendwie zu bewerten. Registrieren Sie lediglich, was Sie bei sich selbst feststellen.

Lassen Sie nun dieses Kreuz bewusst auf sich wirken.

Welche Gefühle nehmen Sie wahr?

Was spüren Sie dabei?

2. Nicht nur eine statische Symbolgestalt teilt etwas mit. Auch Körperbewegungen, z. B. eine Geste, können einen symbolischen Charakter haben. Die zum Gruß winkende Hand sagt einem anderen gleichfalls ohne Worte: „Ich habe dich gesehen. Das ist mir angenehm. Ich habe dich wahrgenommen, und ich möchte, dass du es weißt." Die symbolische Geste möchte genau diese Wirkung im anderen hervorrufen. Sie soll die Beziehung zwischen beiden, Grüßendem und Gegrüßtem, bekräftigen.

3. Es gibt viele Symbole in unserem Alltag, die wir oft nicht als solche beachten. Gegenstände des alltäglichen Lebens können zu Symbolen werden. Das eigene Haus z. B. kann zum Statussymbol werden. Der Besitzer verbindet vielleicht gesellschaftliche Anerkennung oder auch materielle Sicherheit damit. Der eine oder andere Eigenheimbesitzer braucht es womöglich für sein Selbstwertgefühl.

Er fühlt sich einfach wertvoller, besser, gar wichtiger, seit er ein Haus besitzt.

In der Art, wie wir unsere alltäglichen Erlebnisse verarbeiten, spielen Symbole eine wichtige Rolle. Unsere Seele besitzt die Fähigkeit, individuelle Symbole zu bilden. Verschiedene Sinneseindrücke, die wir alltäglich wahrnehmen, gestaltet unsere Seele zu inneren Bildern. Dabei verdichten sich die verschiedenen sinnlichen Eindrücke (hören, riechen, schmecken, fühlen, sehen etc.) zu einem Bild. Diese Bilder kommen als Traumsymbole in nächtlichen Träumen verändert und zum Teil in anderen Zusammenhängen wieder vor. Im Traum erscheinen die inneren Bilder als Symbole, die auf Gefühle hinweisen, bzw. Gefühle schaffen sich in der Traumgestalt eine Mitteilungsform.

Es scheint mir von daher naheliegend, dass der Traum zur Sprache Gottes wurde. Die Sprache der Religion, die Vermittlung göttlicher Wahrheiten geschieht wesentlich mittels ihrer Symbole.

Biblische Texte können auch wie ein Symbol wirken. Durch die Texte teilt Gott sich dem Leser individuell mit, ohne dass seine Botschaft festlegbar ist. Durch einen Bibelvers kann Gott mir heute etwas Bestimmtes in meine gegenwärtige Befindlichkeit hinein mitteilen und ein paar Wochen durch dieselben Worte wieder etwas anderes, ohne dass ich irgendeinen Einfluss darauf hätte. Er bedient sich des Schriftsymbols wie auch der mündlichen Rede (Predigt, Unterricht), ohne dass wir als Hörer bestimmen könnten, was Gott uns sagen will.

4.2. Zum Umgang mit Traumsymbolen

Ruth, eine 45-jährign Ehefrau und Mutter, befindet sich schon seit geraumer Zeit in der Auseinandersetzung mit ihrer Vergangenheit und träumte folgenden Traum:

Ich finde in dem Haus, das ich schon lange bewohne, einen – hinter dem drehbaren Riesenkühlschrank verborgenen – Raum, von dessen Existenz ich nichts wusste und den ich demzufolge noch nie betreten habe.

Dieser Raum liegt mit voller Breite hinter dem Wohnzimmer und neben der Küche und ist nur von der Küche aus, an diesem drehbaren Kühlschrank vorbei, zu begehen.

Bevor ich den Raum das erste Mal betrete, weiß ich schon, dass es mein Zimmer ist, das ich da entdecke.

Dieser Raum ist nicht sehr groß, eher breit und nicht sehr tief und ohne Fenster. Trotzdem wirkt er durch die indirekte Beleuchtung angenehm hell. Die rohen Backsteinwände mit nicht ganz ausgefüllten Fugen gefallen mir. Der Boden besteht zur Hälfte aus Erde, in die hinein etwas gesät werden soll, zur anderen Hälfte aus festem Untergrund, auf dem man stehen und laufen kann, möglicherweise Kieselbelag. Später im Traum ist der ganze Raum mit Parkett ausgelegt.

In der Mitte dieses Zimmers befindet sich eine Wendeltreppe, die den größten Teil dieses nicht sehr großen Raumes einnimmt. Wohin diese Treppe führt, ist zunächst nicht klar. Es spielt auch zu diesem Zeitpunkt noch keine Rolle, genauso wenig wie ihr Aussehen.

Ich sehe mich mit dem Bewusstsein um, dass ich in meinem Zimmer stehe. Mir gefällt, was ich sehe.

Es ist völlig selbstverständlich, dass die einzigen beiden Möbelstücke, die mir persönlich gehören, nämlich mein Klavier und mein Schreibtisch, in diesem Raum stehen werden. Während ich noch überlege, ob ich an die wohnzimmernahe Wand hinter der Treppe das Klavier oder den Schreibtisch stelle und ob man das Klavierspiel wohl im Wohnzimmer hören wird, muss ich den Versuch meines inzwischen anwesenden Ehemannes, eine kleine Stereoanlage zu positionieren oder in anderer Weise bei der Raumnutzung mitzureden, abwehren. In diesem Raum will ich ganz allein bestimmen.

Bei der Beschäftigung mit der Treppe merke ich, dass sie ein sicherer Ort ist, der mir keine Angst mehr einflößt: gleichmäßige, trockene gelochte Metallstufen, gerade und rutschsicher, ein stabiler hölzerner

Handlauf an der Wand. Sie führt ins Freie, zu einem kleinen sonnenbeschienenen Plateau, an dessen Rand es steil in die Tiefe geht.
An der Hauswand steht eine Bank und lädt zum Verweilen ein. Daneben sehe ich ein dunkel verhangenes Fenster und links daneben eine Kellertür. Ich weiß nicht, was mich dahinter erwartet, aber dennoch trete ich ein.

Soweit der Traum. Insgesamt gibt es in diesem Traum eine Fülle von Symbolen, Traumgestalten. In der Arbeit an diesem Traum gehen wir an den Symbolen entlang. Ich greife hier nur einige wenige Aspekte davon auf.

Bei der Frage: „Was fällt dir zu den Backsteinwänden ein?", antwortete Ruth: „Die Steinwände erinnern mich an den Traugottesdienst, an dem ich vor einiger Zeit in meiner Verwandtschaft teilnahm. Es war eine schöne Kirche. Sie hat mir gefallen. Und die Cousine mochte ich auch. Es ist meine Lieblingscousine. Auch der Gottesdienst war ganz gut. Und dann war da die Hochzeit. Eine schöne Feier."

Die Steinmauer im Traum erinnerte Ruth an die Hochzeit, das Fest der Liebe und des Lebens. Und es ist eine angenehme Erinnerung. Die Mauer *symbolisiert* die ganz individuellen Gefühle, die die Träumerin mit dem Erlebnis verbindet. Die Backsteinmauer steht für ein biografische Erlebnis. Alle drei Aspekte stehen in Beziehung zueinander: Symbol, Gefühl, Szene.

Traumsymbol: Backsteinmauer	⟷	Gefühl: angenehm, schön, feierlich	⟷	biografische Szene: Kirche, Traugottesdienst

Ruth wird durch diese Verbindung von Traumsymbol, Gefühl und biografischer Szene klar, dass ihr Raum im Traum ein Ort zum Feiern und ein (Lebens-)Raum für die Lust bedeutet. Einen Ort in sich selbst zu spüren, an dem sie sich wohl fühlen kann: das wird zur wichtigen Entdeckung für sie durch diesen Traum.

Eine weitere Entdeckung verbindet sich mit dem Traumsymbol „Küche". In ihm verdichten sich die Gefühle von Versorgung, des Sich-Kümmerns, des Nährens, die zu ihrer Rolle als Mutter und Hausfrau gehören.

Jenseits davon, neben der Küche, gibt es noch etwas anderes, das sie in geheimnisvoller Weise versteckt hält und das ebenfalls zu ihrer Persönlichkeit gehört. Das Zimmer eröffnet ein zweckfreies, lustvolles, kreatives und selbstbestimmtes Sein, das auch gelebt werden will. Der Zimmertraum weist Ruth darauf hin, dass diese Seite zwar zu ihr gehört, sie aber bisher vermieden hat, diese Seite zu leben.

Traumsymbol: Kühlschrank	⟵⟶	Gefühl: versorgen, sich kümmern	⟵⟶	biografische Szene: Mutter- und Hausfraurolle

In den Traumsymbolen fällt ein bestimmtes Gefühl mit einer bestimmten Gestalt oder auch einer Bewegung im Traum zusammen. In Traumgegenständen verdichten sich Gefühle. Sie stehen für bestimmte Emotionen, innere Bewegungen[27].

Der Traum macht Ruth unter anderem darauf aufmerksam, mehr bei sich „zu Hause" zu sein, sich zu spüren und zu feiern. Es scheint, dass sie ihre Versorgerinnenrolle überbetont, was die Küche im Traum nahelegt. Sie versteht den lebensnahen Impuls des Traumes: eher *bei sich* zu sein und weniger *für* andere zu machen.

Aufgrund der Fülle der Traumsymbole kann ein einzelner Traum viele Botschaften enthalten oder verschiedene Gesichtspunkte eines einzelnen Themas. Sie werden zugänglich, wenn man die einzelnen Traumgestalten – in diesem Traum den Boden (Erde, Parkett), das Klavier, den Schreibtisch, den Ehemann usw. – emotional betrachtet.

So erhält Ruth eine weitere Botschaft über sich selbst durch das Traumsymbol „riesiger Kühlschrank". Ihr fällt dazu der große Gefrierschrank ein, den sie besitzt. Sie verbindet mit diesem Traumsymbol Eis und Kälte, und im Blick auf sie selbst symbolisiert er ihre „eingefrorenen Gefühle", hinter denen sich ihr Wohlfühlraum befindet. Zugleich schützt der Kühlschrank auch diesen eigenen Raum vor unerlaubtem Zutritt.

Die Arbeit mit diesem Traum und seinen verschiedenen Traumsymbolen ermutigten Ruth, mehr auf ihr Bedürfnis nach Geborgenheit zu achten und sich in ihren Alltag Augenblicke des Innehaltens und der Besinnung einzubauen. Ihr alltägliches Gefühl des Getriebenseins ließ nach, und sie spürte ihr Leben intensiver und bewusster.

4.3. Subjektive oder allgemeine Bedeutung von Symbolen?

Wer seine Träume verstehen will, fragt sich früher oder später, ob Traumsymbole immer dasselbe bedeuten und was ihren Sinn ausmacht. Vielleicht hat er auch schon einige Bücher über Traumsymbole und ihre Bedeutung in der Hand gehabt und dabei festgestellt, dass sie widersprüchliche Auskunft über den Sinn einzelner Traumsymbole geben. Haben Traumsymbole eine allgemeine Bedeutung unabhängig von dem Träumer?

Traumsymbole haben in erster Linie eine individuelle Bedeutung. Sie sind subjektiv und emotional gefärbt. Die Einfälle eines anderen, z. B. eines Experten oder die Assoziationen der Teilnehmerinnen und Teilnehmer etwa in einem Traumseminar, spielen demgegenüber eine untergeordnete Rolle. Sie dienen bestenfalls als Ergänzung und Erweiterung, aber nicht als Ersatz für die Bedeutungen, die der Träumer ihnen selbst beilegt bzw. die er in seinem Traum selbst entdeckt.

Vielfach begegnet man in der Traumliteratur der Ansicht, dass Traumsymbole eine ursprüngliche und allgemeine Bedeutung aufweisen. Insbesondere die Traumdeutung der Analytischen Psychologie mit ihrem umfangreichen Traummaterial ist dafür bekannt.

Ich dagegen gehe davon aus, dass die Deutungsmacht des Traumes bei dem Träumer bzw. der Träumerin selbst liegt. Es ist schließlich *sein* bzw. *ihr* Traum, und er ist seinem bzw. ihrem eigenen Bewusstsein näher als einem Experten. Die ersten und entscheidenden Fragen sind deshalb: Was bedeutet der Traum, bedeuten die Traumgestalten für den Träumer, die Träumerin? Welche Verbindungen stellt *der Träumer, die Träumerin selbst* zu seinem / ihrem Traum her, welche Einfälle, Gefühle etc. hat er, sie zum Traum?

Das Traumsymbol „Haus" z. B. bedeutet nicht von vornherein Geborgenheit, Heimat, Zugehörigkeit, Schutz usw. Für jemanden, der ein angenehmes Zuhause in seiner Kindheit erlebte, mag das durchaus zutreffend sein. Ein Mensch aber, der in seinem Elternhaus schikaniert und ausgenutzt wurde und sich dort wie gefangen fühlte, wird eher die Empfindung des Ausgeliefertseins, Angst, Gewalt, Unterdrückung, Unfreiheit, Gefängnis und Ähnliches damit verbinden.

Behauptete man nun, „Haus" bedeute „Geborgenheit", dann zwänge man mit dieser Deutung dem Träumer etwas auf, was seinem Empfinden und seinem Lebenskontext widerspräche. Sein Traumsymbol wäre gänzlich falsch interpretiert. Und wiederum wäre eine solche Zuschreibung eine Art von Nötigung, die es nach meinem Verständnis zu vermeiden gilt.

Der subjektive Sinn, die individuelle Deutung des Träumers geht jeder Art von Fremddeutung oder Zuschreibung voraus. Woher könnte auch ein anderer Mensch wissen, was hinter dem Symbol steht? Am ehesten und zutreffendsten *weiß es der Träumer, die Träumerin selbst*. Es ist *sein* bzw. *ihr* Traum, und es sind *seine* bzw. *ihre* Symbole, und die liegen ihm bzw. ihr natürlich näher als einem anderen Menschen.

Darum ist Vorsicht geboten, wenn von der Allgemeingültigkeit von Traumsymbolen die Rede ist. Sollte unter allen Umständen einem Träumer nun gar nichts zu seinem Traum und seinen Traumgestalten einfallen, mag der Seitenblick auf Bedeutungen, die für andere Träumer und Träumerinnen einmal zutreffend waren, erlaubt sein. Als eine gewisse Orientierung könnten sie weiterhelfen. Gleichwohl kann ein Traumsymbol auch eine überindividuelle Bedeutung erlangen. Als ein sehr typisches Beispiel gilt das Traumsymbol „Kind". Mit ihm sind oft Gefühle des Ausgeliefertseins, Schutzbedürfnis, Kreativität, Lebendigkeit, Zärtlichkeit, Entwicklungsfähigkeit, Wachstum etc. verbunden. Da viele Menschen in derselben Kultur (Industrie- und Konsumgesellschaft) und sehr ähnlichen sozialen Verhältnissen aufwachsen und somit vergleichbare Sozialisationserfahrungen machen (elterliche Erziehungsstile, Kindergarten, Schule), spiegeln sich in dem Traumkind, sofern der Träumer oder die Träumerin sich selbst darin erkennt, auch übereinstimmende Gefühle und Erfahrungen wider. Aus diesem Grund kann man damit rechnen, auch überindividuelle Bedeutungen bei Traumsymbolen anzutreffen.

Die Traumdeutung der Analytischen Psychologie geht hier noch einen Schritt weiter. Sie speist die Bedeutung der Traumsymbole mit dem Sinngehalt, den einzelne Symbole in Mythen und Märchen innehaben.

Es kann durchaus hilfreich und sinnvoll sein, den Seitenblick auf solche Symboldeutungen zu wagen. Dabei ist es durchaus möglich, dass eine Deutung einleuchtet, den subjektiven Sinn des Symbols erweitert und damit ein umfassenderes Verstehen stattfindet, vor allem dann, wenn der Träumer die Mythen und Märchen kennt. Es kommt darauf an, ob eine Bedeutung Sinn ergibt und ein Aha-Erlebnis bei dem Träumer in der Begegnung mit seinem Traum auslöst.

Die Erfindung allgemeiner Traumsymbole ist aber nicht neu. Bereits in der Antike gab es ein Sammlung von Traumsymbolen. Die einzige erhaltene lexikonartige Zusammenstellung von Traumsymbolen samt Deutung stammt aus der Feder des bereits erwähnten Artemidor[28]. Um einen Einblick in das historische Dokument zu geben, führe ich einige Beispiele als Kostprobe an. Der Leser mag selbst entscheiden, wie überzeugend diese Deutungen für ihn klingen.

Brot: Träumt man, sein gewohntes Brot zu essen, so bringt das Segen; dabei ist für einen Armen Graubrot, für einen Reichen Weißbrot angemessen. Im umgekehrten Fall hat man nicht nur nichts Gutes, sondern sogar Schlimmes zu erwarten; denn Weißbrot zeigt dem Armen Krankheit, Graubrot dem Reichen Entbehrung an. Gerstenbrot bringt Glück; denn nach der Sage war dies die erste Nahrung, die die Götter den Menschen geschenkt haben.[29]

Geld: Es behaupten einige, dass Geld und Münzen insgesamt Unglück bedeuten; nach meiner Beobachtung verursachen kleine, kupferne Münzen Missstimmungen und kränkende Worte, Silbermünzen dagegen bezeichnen Absprachen bei Verträgen über wichtige Angelegenheiten, Goldmünzen über noch wichtigere. Immer ist es besser, wenig Gut und Geld als viel zu besitzen, denn großer Reichtum bedeutet Sorgen und Kummer, weil er ebenso wie ein Schatz schwer zu verwalten ist.[30]

Bienen: Bienen bringen Bauern und Bienenzüchtern Segen; allen anderen Menschen prophezeien sie wegen des Summens Aufregungen, wegen des Stachels Verwundungen und wegen des Honigs und Wachses Krankheit.[31]

Treppe: Eine Treppe ist das Symbol einer Reise und eines Umzugs, ihre Stufen bedeuten das Weiterkommen. Einige behaupten, dass sie auch Gefahr anzeigen.[32]

Laufen: Der Kurzstreckenlauf ist für alle, Kranke ausgenommen, glückbringend, wenn sie zu siegen wähnen; die ersteren werden ans Ziel ihrer Wünsche gelangen (aus diesem Grund werden auch Sklaven nach diesem Traumgesicht freigelassen), die letzteren durch den Tod an das Ziel ihres Lebens. Der Doppellauf, der dasselbe wie der Kurzstreckenlauf bedeutet, pflegt alles nach einem Aufschub, so wie der Langlauf nach vielen Aufschüben, zu vollenden. Insbesondere prophezeit der Langlauf Frauen Hurerei und die Lebensweise einer Hetäre.[33]

5. Die Seele hält Zwiesprache – Träumen begegnen

> *Ein ungedeuteter Traum ist wie ein ungeöffneter Brief.*
> *Talmud*

Wir lernen Gottes Traumsprache zu verstehen, wenn wir dem Sinn unserer Träume auf die Spur kommen. Bevor wir also hören können, was er uns sagen will, müssen wir den Traum als solchen verstehen. Wie kann es gelingen, den Sinn eines Traumes zu erfassen? Dazu bedarf es einiger grundsätzlicher Anmerkungen vorweg.

5.1. Zusammenhänge wahrnehmen – Sinn erfahren

Sowohl bei ganz einfachen als auch bei sehr komplexen Vorgängen erfahren wir den Sinn von etwas, wenn wir Zusammenhänge erkennen. Sinn entsteht, indem zwei Dinge miteinander in Verbindung gebracht werden.

Der Sinn eines Buntstiftes wird der zwei Jahre alten Jasmin dadurch klar, dass sie sieht, wie er auf dem Papier (und der Tapete) Spuren hinterlässt: Aha, der Stift ist zum Streifenmachen da! Ein anderer Vergleich: Es ist wie bei einem Puzzlespiel. Ein einzelnes Puzzleteilchen bekommt seinen Sinn erst durch das ganze Bild. Obwohl das Teilchen für sich betrachtet schön sein kann und vor allem unersetzbar ist, bekommt es seinen Sinn erst durch den Bezug zu dem Gesamtbild, seinem Kontext.

Der Sinn eines Traumes erhellt sich, wenn der Traum in eine Beziehung zum Alltagsleben gebracht wird. Das alltägliche Leben bildet den wichtigen und unverzichtbaren Kontext zu den Träumen. Alltagsleben und Traumleben sind miteinander verwachsen. Sie durchdringen sich wechselseitig. Der Traum ist ein eigenes psychisches Phänomen, das sich vom Hintergrund bestimmter Lebensumstände bzw. Lebenssituationen abhebt. Er tritt in den Vordergrund und bleibt auf das Leben (Hintergrund) bezogen. Einen Traum zu verstehen bedeutet, ihn auf den lebensgeschichtlichen Hintergrund hin auszulegen.

Beide Erlebniswelten (Traum und Alltag) sind also aufeinander bezogen. Die Kombination beider Perspektiven ermöglicht eine dritte, die Zusammenschau. Es geht weniger darum, den Traum kraft des Verstandes zu analysieren und mit logischen Sprach- und Denkmustern zu interpretieren oder gar zu beurteilen. Vielmehr wirft der Traum ein Licht auf das Leben, damit ich Dinge sehe, die ich sonst nicht wahrnehme, und zugleich fällt von meinem Leben her ein Licht auf den Traum. Beide Blickrichtungen ergänzen sich gegenseitig, da beide auf ihre Weise zeigen, wie wir mit der Welt verwoben sind.

Der Traum klopft an die Tür des Bewusstseins und bittet um Beachtung. Er möchte mit seinem Anliegen eingelassen werden. Ihm die Tür öffnen heißt, Verbindungslinien zwischen der Traumwelt des Unbewussten und der Alltagswelt des Bewusstseins zu schaffen.

Die folgenden Überlegungen beziehen sich auf die Bedeutung des Traumes in seinem Lebenszusammenhang. Dabei stehen eine Reihe von Möglichkeiten offen, die ich nun im Einzelnen skizziere. Nicht jeder Weg ist für jeden Traum geeignet. Deshalb ist es sinnvoll, eine Fülle von Blickwinkeln, Fragestellungen und Zugangsweisen zu kennen, um flexibel auf die sehr unterschiedlichen Traumarten eingehen zu können.

5.2. Träume aufschreiben

Eine erste Möglichkeit besteht darin, die Bilder und Szenen des Traumes zu benennen und zu beschreiben. Traumbegegnung findet statt, wenn die Aktivitäten beider Hirnhemisphären absichtsvoll miteinander in Beziehung gebracht werden. Es werden Brücken geschlagen zwischen dem Alltagsleben und dem Traumleben. Manchmal entstehen auf diese Weise bereits hilfreiche Einsichten, sodass der Träumer Impulse für sein Verhalten aufnehmen kann.

Die bildhafte Traumerinnerung ereignet sich vorwiegend in der rechten Hirnhälfte. Sie besitzt die Fähigkeit, ganzheitlich und symbolisch zu denken. Ihr wird die räumliche Vorstellungskraft und emotionales Erleben zugesprochen, während für die linke Hirnhemisphäre kausales, analytisches, sprachlich-begriffliches Denken typisch ist.

Indem ich nun einen Traum erzähle oder gar aufschreibe, geschieht eine erste Annäherung der beiden unterschiedlichen Denk- und Erlebnisweisen. Ich fasse die Trauminhalte in Worte, bringe sie auf einen Begriff. Damit werden sie ein Stück begreifbar. Während des Niederschreibens kann es geschehen, dass mich zum Beispiel das Haus im Traum plötzlich an ein bestimmtes Gebäude aus meiner Biografie erinnert, mit dem ich konkrete Ereignisse verbinde. Ich erkenne einen Zusammenhang zwischen meinem Traum(haus) und Begebenheiten, die zu dem erinnerten Haus gehören. Es lohnt sich also in jedem Fall, auch wenn man nicht vorhat, sich intensiv auf einen Traum einzulassen, seine Träume aufzuschreiben.

Ein Traumbuch unterstützt das Aufschreiben von Träumen. Es empfiehlt sich, den Traumtext auf die rechte Buchseite zu schreiben, sodass auf der linken Seite Platz ist für Einfälle und Assoziationen bzw. Erkenntnisse, die sich zu dem Traum einstellen. Ein Traumbuch bietet zusätzlich den Vorteil, mir einen Überblick über meine Träume zu verschaffen und damit wichtige Einsichten über mich zu gewinnen.

Ein paar praktische Hinweise:

- Legen Sie neben Ihrem Bett Ihr Aufzeichnungsmaterial griffbereit ab oder nutzen Sie Ihr Smartphone zum Aufnehmen. Das bietet den Vorteil, dass man kein Licht braucht und der Partner ggf. dadurch in seinem Schlaf weniger gestört wird, zumindest, wenn man leise spricht.
- Schreiben Sie das Datum vorher auf.
- Entscheiden Sie sich dafür, heute Nacht zu träumen, und nutzen Sie die Möglichkeit, dafür zu beten, dass Gott zu Ihnen durch einen Traum redet.
- Wenn Sie wach werden – etwa durch einen Traum oder am nächsten Morgen –, nehmen Sie sich die Zeit, das Geträumte auf Papier oder ins Smartphone zu sprechen. Schieben Sie es nicht auf, und vertrauen Sie nicht zu sehr ihrem Gedächtnis.
- Übertragen Sie Ihren Traum bzw. Ihre Träume am nächsten Tag in Ihr Traumtagebuch. Finden Sie dabei ein Stichwort oder einen Titel.
- Versuchen Sie, den Traum mit einem Ereignis des gestrigen Tages in Verbindung zu bringen.
- Werten Sie keinen Ihrer Träume als zu unbedeutend oder zu nichtssagend ab, sodass Sie ihn nicht aufzeichnen. Jeder Traum ist es wert, festgehalten zu werden. Ob Sie sich damit beschäftigen wollen, können Sie immer noch entscheiden.
- Entscheiden Sie, wann Sie sich die Zeit nehmen möchten, um sich den Geheimnissen des verborgenen Lebens zu widmen, das Sie in den dunklen Stunden führen.

Wem das Niederschreiben zu zeitaufwendig erscheint, dem mag es genügen, seine Träume einem anderen, den sie interessieren, mitzuteilen.

5.3. Träume erzählen

Auch beim bloßen Erzählen eines Traumes entstehen hilfreiche Verknüpfungen. Benutze ich sprachlich die grammatische Gegenwartsform, rückt das Traumerleben näher ins Bewusstsein, und ich komme auch gefühlsmäßig dichter an das Traumgeschehen heran. Der Traum wird gegenwärtig, so als ob er sich jetzt im Moment des Erzählens ereignete. Diese Unmittelbarkeit intensiviert die Begegnung mit dem Traum und überführt den Trauminhalt von der Ebene des Symbolischen auf die Ebene des Gegenwärtigen.[34] In der Arbeit mit Träumen in Beratung und Seelsorge sowie in Traumseminaren lasse ich die Träume immer in der Gegenwartsform erzählen.

Erzähle ich meinem Partner oder Freund, Seelsorger oder Therapeuten einen Traum, geschieht weit mehr als die bloße Weitergabe einer Information. Abgesehen von der Vertrautheit, die eine persönliche Mitteilung schafft, führt mich das Erzählen in ein paradoxes Erleben mit mir selbst. Indem ich mich äußere, d. h. etwas von meinem Inneren nach *außen* kehre, erfahre ich erst sehr bewusst, was *in mir* ist. Was ich *von mir gebe*, erfahre ich als *zu mir gehörend*. Indem *ich mich mitteile*, erlebe ich das Mitgeteilte als *einen Teil von mir*.

Diese wichtige Selbsterfahrung, die wir uns alltäglich mit unseren Äußerungen verschaffen, ereignet sich in bedeutsamer Weise, wenn wir unsere Träume erzählen. Der Traum wird noch einmal als etwas ganz individuell Eigenes erfahren. Er tritt mir mit meinen eigenen Worten in sprachlicher Gestalt als Teil von mir hörbar entgegen.

Die verändernde Kraft des Traumes wird verstärkt, wenn ich im Gespräch mit einem anderen die Botschaft meines Traumes erfasse und verstehe. Das Mitwissen und die Anteilnahme meiner Gesprächpartner unterstützen mich dabei, die Hinweise des Traumes an mich in die Tat umzusetzen.

5.4. Sprach- und Wortassoziationen

Der Weg über Worte und Begriffe lässt sich auch in umgekehrter Richtung gehen, wenn wir die benutzten Worte der Traumerzählung auf ihre übertragene Bedeutung hin anschauen. In der Frage nach der übertragenen Bedeutung eines Wortes machen wir uns den bildlichen Aspekt des Begriffes wieder bewusst. Wir verbinden durch die Wort- und Sprachspiele und den Gebrauch von Redewendungen beide Hirnhälften miteinander und machen den Traum zu einer umfassenderen Erfahrung. Das möchte ich an einer Reihe von Traumarten bzw. Traumthemen deutlich machen.[35]

→ **Flugträume:** Zu dem Begriff „fliegen" lässt sich im übertragenen Sinn an „hoch hinausfliegen", Höhenflug, Karriere, weitgesteckte Ziele oder Ähnliches denken. Oder in ganz anderer Richtung, verbunden mit ganz anderen Gefühlen: (raus)fliegen, abgelehnt werden, versagt haben, scheitern. Die Richtung hängt ab von dem jeweiligen Gefühl im Traum oder beim Aufwachen.

→ **Träume von Nacktheit:** Mit „nackt sein" verbinden wir im übertragenen Sinn ein Gefühl von entblößt sein, sich blamieren, schutzlos sein, zu offenherzig, enthüllt, verletzlich sein, ausgeliefert sein, viel (zu viel) von sich zeigen.

→ **Prüfungsträume:** Es geht darum, „auf die Probe gestellt" zu werden, „getestet", beurteilt und bewertet zu werden. Lebensaufgaben, Herausforderungen oder neue Projekte, die wir in Angriff nehmen, sind eine Prüfung, wenn sie im Zusammenhang solcher Träume stehen.

→ **Fallträume:** Hier schwingt ein „Statusverlust" mit: aus der Rolle gefallen sein, das Niveau verloren haben, in moralischer Hinsicht ein „gefallenes Mädchen" sein. Es kann auch darum gehen, Halt oder den Boden unter den Füßen verloren zu haben.

→ **Ausgefallene Zähne:** Ein Zahnarztbesuch empfiehlt sich demnächst. Der übertragene Sinn geht in viele Richtungen: Zeichen dafür, älter zu werden oder das Gesicht zu verlieren. Das Selbstbild ist beschädigt oder der Ruf, das Ansehen geht verloren. Es kann auch ein Hinweis für Mangel an Aggression sein: Zähne nicht zeigen können, zu wenig Biss haben. Den Verlust der Milchzähne verbinden wir mit dem Erwachsenwerden.

→ **Geld oder Wertsachen verlieren:** Werteverlust, z. B. Abschied von einmal für wichtig gehaltenen familiären oder moralischen Werten. Auch ideelle Werte wie Warmherzigkeit oder Empfindsamkeit sind aufgegeben.

→ **Erotische Träume:** Wer oder was macht mich an, erregt mein Interesse und meine Aufmerksamkeit? Wozu habe ich Lust? Mit wie viel Liebe und Herz bin ich an einer Sache beteiligt? Erotische Träume können auch auf ein vernachlässigtes sexuelles Bedürfnis hinweisen. Was fehlt in der Beziehung an Lust und Leidenschaft?

→ **Todesträume:** Mit Tod verbinden wir Phänomene wie Endlichkeit, Sterben und Abschiednehmen. Wer oder was in mir wird sterben, stirbt oder ist bereits gestorben? Welche Lebensmöglichkeiten sind endgültig vorbei (z. B. Fruchtbarkeit)? Wer ist für mich „gestorben"? Welche Beziehungen sind zu Ende gegangen? Von wem oder von was verabschiede ich mich gerade?

→ **Träume von Verstorbenen:** Es kann sich um ein nachträgliches Verabschieden der Seele handeln, das bisher bewusst nicht möglich war. Nicht selten tauchen bei plötzlichem Tod eines Angehörigen solche Träume auf. Wie hätte ich mich lieber verabschiedet? Manchmal begegnen Verstorbene den Angehörigen am Anfang der Trauer häufiger im Traum, dann immer seltener. Was verbindet mich noch an Lebensqualität oder -schmerz mit dem Verstorbenen und muss losgelassen werden? Was ist zwischen uns noch unausgesprochen geblieben?

Träume von Verstorbenen können auch eine verschleppte Trauer offenbaren. Der Traum zeigt, was noch zu sagen gewesen wäre. Der

Traum kann ein Anlass und Hinweis dazu sein, sich bewusst noch einmal innerlich von dem Verstorbenen zu verabschieden. Für manchen ist es sehr hilfreich, dies schriftlich zu tun und einen Abschiedsbrief zu schreiben oder seine Gedanken (und Gefühle) einem Tagebuch anzuvertrauen. Als praktische Anregung könnten die folgenden sechs Satzanfänge weiterhelfen, einen Abschiedsbrief an einen verstorbenen Menschen zu schreiben.

1. Ich erinnere von Dir (Erinnerungsschätze), …
2. Ich verüble Dir, …
3. Ich bereue, …
4. Ich verzeihe Dir, …
5. Ich danke Dir, …
6. Ich bitte Dich, …

Diese sechs Gedankenanstöße erheben nicht den Anspruch auf Vollständigkeit. Selbstverständlich lassen sie sich erweitern und ergänzen.

5.5. Konnotation – die Atmosphäre des Wortes

Jedes Wort, jeder Begriff hat eine atmosphärische Seite. Hinter einem Wort schwingt eine ganze Welt von emotionalen Erfahrungen und Eindrücken mit. Bei dem Wort „Mondschein" klingt für manchen noch mit: romantisch, heimelig, erste Liebe, erster Kuss im Mondschein, Geborgenheit, eine friedvolle Atmosphäre usw. Bei bestimmten Begriffen werden Stimmungen und Atmosphären in uns wachgerufen. Vielleicht erinnern wir uns sogar an ein bestimmtes Erlebnis.

Zum Beispiel das Wort „Strand": Eine Fülle von emotionalen Eindrücken wird lebendig – Urlaub, Freiheit, Faulenzen, Wind,

Erholung usw. Das alles gehört mit zu den Worten, die wir gebrauchen, wenn wir einen Traum aufschreiben oder erzählen. Die emotionalen Qualitäten der Worte und Begriffe sich wieder bewusst zu machen, hilft dabei, dem Traum zu begegnen und seinen Sinn zu erfassen.

Über den rein sprachlich-begrifflichen Weg hinaus gibt es bestimmte Blickwinkel, aus denen ein Traum angeschaut werden kann.

5.6. Perspektiven der Traumbetrachtung

Der Traum steht dem Träumer gegenüber, obwohl es sein eigener ist. Ein gemalter Traum tut dies in einer direkten Weise. Er lädt zur Begegnung ein. Die Frage ist: Wie soll er ihm begegnen? Worauf soll er achten? Womit soll er sich beschäftigen? Wer sich auf seinen Traum verstehend einlassen will, kommt um Unterscheidungen nicht herum. Er muss seinen Blick steuern und den Traum unter verschiedenen Blickwinkeln betrachten. Bei der Arbeit an und mit Träumen in Seelsorge, Beratung oder Seminaren entwickelt sich ein Dialog zwischen Berater / Seelsorger und Träumer bzw. zwischen den Gruppenmitgliedern und dem, der seinen Traum vorstellt.

Eine erste Differenzierung ist die Frage: „Was steht für Sie im Vordergrund? Welcher Teil des Traumes, wenn Sie ihn sich wie ein Relief vorstellen, kommt Ihnen näher, und welcher Teil oder Gegenstand im Traum ist weiter weg?" Eine Frage mit ähnlich unterscheidender Wirkung lautet: „Mit welchem Teil des Traumes möchten Sie sich jetzt beschäftigen? Was fesselt Ihre Aufmerksamkeit?"

Für die Auseinandersetzung mit einem Traum habe ich sechs Blickwinkel zusammengestellt. Sie bilden das Herzstück, die wichtigste Säule in meiner Arbeit mit Träumen. Es sind sechs unterschiedliche „Brillen", die der Leser oder die Leserin aufsetzen kann, um für sich allein dem Sinn eines Traumes auf die Spur zu kommen.

Der Traum eines Klienten soll die einzelnen Aspekte veranschaulichen. Teilweise berichte ich kommentierend von der Arbeit an diesem Traum.

1. Der thematische Aspekt des Traumes

Der Traum als Ganzes, seine Bewegung, seine Szenerie enthält ein Thema, das sich mit einem Begriff oder einem Titel umschreiben lässt. Manchmal können es auch mehrere Themen sein, die in einem Traum vorkommen.

Martin (35) wird seit einigen Wochen von Ängsten geplagt, die ihn nicht durchschlafen lassen. Immer wieder wacht er schweißgebadet auf. Er kann sich diese Unruhe und Ängste nicht erklären. In dieser Zeit hat er mehrere Träume. Unter anderem träumte ihm:

Ich bin auf einer großen Reitanlage und gehe in die Scheune, in der ganz viele Heuballen für die Pferde gelagert sind. Meine Mutter lehnt sich unweit des offenen Scheunentores an einen großen Baum und schaut mir zu. Im Inneren des Gebäudes taucht plötzlich Ulla auf, die Freundin, mit der ich meinen ersten Sex hatte. Als meine Mutter Ulla sieht, geht sie weg und verlässt die Anlage. Ich gehe in die Scheune zu Ulla und begrüße sie. Dann gehe ich weiter. Aber meine Füße berühren nicht den Boden. Ich gehe schwebend so etwa einen Meter über dem Scheunenboden auf den anderen Ausgang zu. An diesem Ausgang begegnet mir ein Mann im Talar. Es ist ein Pfarrer. Er sagt zu mir: „So ist das, wenn man sich in der Seelsorge befindet." Mich ärgert dieser Satz. Ich denke: „Immer will er es besser wissen. Er soll sich aus meinem Leben raushalten." Aber ich sage nichts.

Das Thema dieses Traums heißt: Abschied nehmen. Der Abschied von der Mutter symbolisiert sich in ihrem Weggehen, als die neue Frau auftaucht. Die Begegnung mit dem Pfarrer löst aggressive Gefühle in ihm aus, da er dessen Bemerkung als Einmischung erlebt. Aber er kann sie ihm gegenüber nicht ausdrücken. Auf meine Frage, wie er denn mit Abschied gewöhnlich umgeht, antwortet Martin: „Gar nicht. Abschied nehmen ist mir fremd."

Ist das Thema benannt, lassen sich zur weiteren Klärung des Traumes folgende Fragen anfügen:

→ Woher aus meinem Leben kenne ich dieses Thema?
→ In welchem Lebenszusammenhang, aus welcher Lebenssituation kommt mir dieses Thema bekannt vor?
→ Was fällt mir dazu ein?
→ Woran erinnert mich dieses Traumthema?

In Traumseminaren, in denen Träume kreativ zu Papier gebracht werden, rege ich jeweils an, einen Titel für das fertige Traumbild zu finden. Manchmal gelingt das spontan. Auch beim Aufschreiben von Träumen empfiehlt es sich, jeweils einen Titel oder eine Überschrift für den Traum zu suchen.

2. Der emotionale Aspekt des Traumes

Über dem Traum liegt häufig eine bestimmte Atmosphäre. Sie kann heiter, dramatisch, düster, traurig, bedrückend, verzweifelt, angstvoll, anregend, lustvoll erotisch etc. sein. Jeder Traum und jedes Traumbild enthält eine bestimmte Stimmung. In ihr spiegelt sich die Gefühlslage des Träumers, während er träumt. Die emotionale Gestimmtheit gibt dem Traum seine gefühlsmäßige Qualität.

Oft ist sie noch in der Aufwachphase spürbar. Wir verbinden ein sehr klares und deutliches Gefühl mit der Traumerinnerung. Wir sprechen dann von schönen, traurigen oder ängstigenden Träumen. Das Gefühl bildet eine sehr wichtige Brücke zwischen Traum und Leben.

Martin berichtet zu seinem Traum:

„Ohnmacht und Ärger waren die bestimmenden Gefühle. Ich spüre sie auch jetzt, wo wir gerade von meinem Traum sprechen. Es ärgert mich, dass sich die geistliche Autorität immer in meine Angelegenheit einmischt und ich mich offensichtlich im Traum nicht dagegen wehren kann. Im Leben habe ich es wenigstens versucht.

Ich war in der Jugendarbeit meiner Kirche sehr aktiv. Mitte 20 habe ich mich dann zurückgezogen und das Jugendteam verlassen. Mir wurde das alles viel zu eng und zu stressig, denn es herrschte eine sehr gesetzliche Frömmigkeit. Ich habe mich über vieles damals aufgeregt, bis ich dann gegangen bin. Ich habe eine Frau geheiratet, die nicht gläubig war, in diesen Kreisen damals ein Unding. Heute sehe ich, dass ich mich auf diese Weise abgegrenzt habe. Aber mir fehlt auch etwas. Ich bin mir nicht mehr sicher, ob das die richtige Lösung war. Ich würde gerne wieder mehr glauben."

Mir scheint, dass das Thema „Glaube" für Martin nicht erledigt ist. Er hat zunächst über sein Verhalten einen Lösungsweg gesucht, sozusagen die Befreiung. Eine Auseinandersetzung mit seiner religiösen Prägung und die Entwicklung einer Frömmigkeit, die wirklich zu ihm passt, steht noch aus.

Um einen Bezug zwischen dem Traumgefühl und Gefühlen des Alltags, die in bestimmten Situationen erlebt wurden, herzustellen, sind die folgenden Fragen wichtig:

- → Wie habe ich mich im Traum gefühlt?
- → Welche Gefühle habe ich im Traum erlebt?
- → Mit welchem Gefühl bin ich aufgewacht?
- → Woher kenne ich dieses Gefühl bzw. diese Gefühle sonst noch aus meinem Leben?
- → In welcher Situation meines Alltags habe ich mich auch so gefühlt wie im Traum?

3. Der szenische Aspekt des Traumes

Viele Träume enthalten eindeutige Szenen. Es geschieht etwas. Der Traum schafft sich ein eigenes Bühnenbild. Alle Gegenstände gemeinsam und in ihrem Bezug zueinander ergeben ein bestimmtes Bild.
Martin verlässt seine Mutter, ohne sich von ihr zu verabschieden. Sie geht von sich aus weg und macht der jungen Frau Platz. Ihr fällt Loslassen und Abschiednehmen offenbar leichter. Sie hat ihn bisher begleitet, nun wird ihm eine andere Frau wichtiger sein.
Um den szenischen Aspekt in den Blick zu bekommen, können Fragen wie diese hilfreich sein:

→ Was geschieht im Traum genau?
→ Wer macht was mit wem und wozu?
→ Welche Handlung führt der Traum vor?
→ Woher kenne ich das aus meinem Leben?
→ An welche Lebenssituationen erinnert mich die Handlung des Traumes?
→ Was kommt mir daran bekannt vor?
→ Wo habe ich schon einmal Ähnliches erlebt?

4. Der gegenständliche Aspekt des Traumes

Wie bereits deutlich geworden ist, besteht ein Traum neben seiner Handlung und seiner emotionalen Färbung vor allem aus bestimmten Traumgegenständen, bzw. sogenannten Traumgestalten. Die einzelnen Gegenstände haben für sich genommen eine Bedeutung. Meistens sind es Gegenstände, die ihrer Form oder ihrem Aussehen nach aus der Alltagswelt stammen.
    Die gegenständliche Welt des Alltags hinterlässt ihre Eindrücke und Spuren in unserer Seele. Wir verbinden mit den Gegenständen

bestimmte Erfahrungen, die selbstverständlich auch ihre eigene emotionale Qualität haben. Das Gleiche gilt auch für die wörtliche Rede bzw. für Dialoge im Traum.

Die Begegnung der Traumpersonen findet in einer Scheune statt. Sie erinnert Martin an das Gelände, in dem er Ulla kennenlernte. Sie war eine begeisterte Reiterin. Am Anfang ihrer Beziehung trafen sie sich öfter heimlich in dieser Scheune am Reitplatz.

Die Talargestalt im Traum erinnert Martin an den leitenden Pfarrer seiner Gemeinde. Bei dessen Worten stutzt er. Da fällt ihm plötzlich sein Vater ein: Der war auch so einer, der immer wusste, wo es lang geht. Martin bemerkt empört: „Mein Vater konnte es nicht ertragen, dass ich von zu Hause wegging. In den ersten Jahren meiner Ehe bin ich fast an jedem Wochenende die vierzig Kilometer von unserem Wohnort zur Heimatgemeinde gefahren und habe den Chor weiterhin geleitet. Mein Vater wollte es so. Er hat immer noch die dominierende Rolle gespielt. Ich konnte mich nie richtig gegen ihn durchsetzen."

Bei der psychodramatischen Arbeit an dem Traum ist es ihm dann erstmalig gelungen, sich seinem Vater gegenüber zu behaupten – eine befreiende und stärkende Erfahrung für Martin.

Sinn kann entstehen, mit dem Blick auf jeden einzelnen Traumgegenstand die folgenden Fragen zu stellen:

→ Woher kenne ich diesen Gegenstand aus meinem Alltag oder meiner Biografie?
→ An was oder an wen erinnert mich die Person im Traum?
→ Was fällt mir zu der Traumgestalt ein?
→ Zu wem passt der gesprochene Text?
→ Aus wessen Munde kommt er mir bekannt vor?
→ Zu welcher meiner Beziehungen passt dieser Dialog bzw. könnte er passen?

5. Der symbolische Aspekt

Sowohl Gegenstände als auch Handlungen oder Bewegungen, die im Traum vorkommen, können eine symbolische Bedeutung haben. Die lässt sich erhellen, indem man danach schaut, ob diese Gegenstände, Handlungen oder Bewegungen im Alltag, also im Wachleben, auch vorkommen und welche Bedeutung sie dort haben. Bei den religiösen Symbolen ist sie meist klar und bekannt. Alltagsgesten und Alltagsgegenstände, deren Bedeutung wir wie selbstverständlich und von daher mehr unbewusst erleben, bedürfen der gezielten Fragestellung, um erkannt zu werden.

Der Talar im Traum symbolisiert für Martin die gesetzliche Frömmigkeit und den Zwang zur Anpassung an moralische Werte. Mit seiner merkwürdigen Art, durch die Scheune zu gehen (einen Meter über dem Boden), verbindet er die Symbolik von: „über dem Boden schweben", „abgehoben sein", „Sehnsucht nach Halt und Verwurzelung" und „wieder Halt im Glauben finden". Der Baum, an den die Mutter sich lehnt, kann sowohl als bloßer Traumgegenstand infrage kommen als auch den Charakter eines Symbols haben. Er wird als Symbol des Lebens und anhand seiner Wurzeln, Zweigen und Früchten als Wachstumssymbol angesehen.

Um sich der symbolischen Aspekte im Traum bewusst zu werden, kann man sich fragen:

→ Welchen symbolischen Wert verbinde ich mit dem Gegenstand?
→ Was meint die Geste in ihrer symbolischen Aussage?
→ Wofür steht jener Gegenstand in meinem Leben?

6. Der Handlungsaspekt des Traumes

Oft enthält der Traum eine bestimmte Handlung oder ein Handlungsablauf. Sie machen seine Dramatik aus. Manchmal laufen sie nach dem gleichen Muster ab (siehe Kapitel 1). Martin wunderte sich über die eigentümliche Art, wie er sich im Traum fortbewegt. In dieser Traumhandlung liegt offenbar eine Übertreibung vor. Martin weiß von sich, dass er am liebsten Schwierigkeiten und Konflikten aus dem Weg geht. Er steht am liebsten über den Dingen und nimmt alles leicht und locker.

Diese Handlung fesselt noch aus einem anderen Grund sein Interesse. Martin erkennt, dass er nicht „geerdet" ist. Er hat seinen Boden unter den Füßen verloren und sucht Halt. Das beschreibt auch sein Grundgefühl, das ihn in seiner Lebenskrise bestimmt: halt- und orientierungslos zu sein.

Er macht sich auf die Suche nach den Wurzeln, die ihm früher Halt gaben. Er besucht gelegentlich einen Gottesdienst und fängt wieder an, in der Bibel zu lesen. Bibelworte, die ihn berühren, werden ihm dabei lebendig.

Nachstehende Fragen können helfen, die Traumhandlungen genauer zu untersuchen und den Blick für sie zu schärfen[36]:

- → Was ist zentral?
- → Liegen Übertreibungen vor?
- → Welche Gegensätze werden sichtbar?
- → Was wiederholt sich?
- → Sind Konflikte erkennbar?
- → Gibt es Helfer?
- → Gibt es ein Ziel?
- → Was kommt im Traum vor, was nicht?
- → Wird im Traum eine Stärke oder Schwäche aufgegriffen, die ich von mir aus dem Wachleben kenne?

Abschließend ist noch zu bemerken: Nicht jeder dieser sechs Aspekte ist bei jedem Traum gleichermaßen von Bedeutung. Um einen Traum zu verstehen, muss man nicht akribisch über alle „Brücken" gegangen sein. Häufig genügt es, mindestens eine Verbindung zwischen den beiden Welten zu finden. Für Martin waren der gegenständliche Aspekt und der Handlungsaspekt die wesentlichen Momente, den Sinn und die Botschaft seines Traumes zu erkennen.

Die folgende Grafik fasst fünf der sechs Punkte visuell noch einmal zusammen:

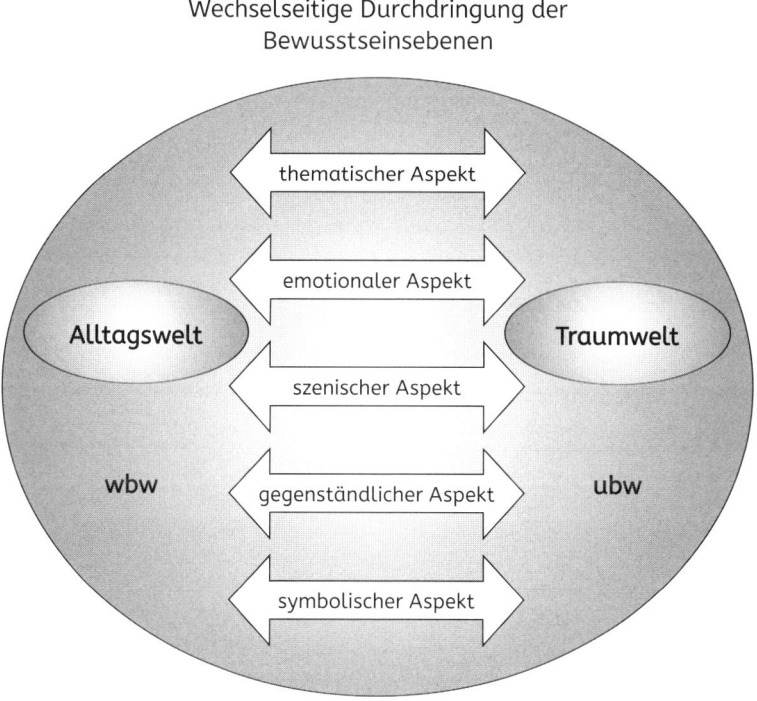

(wbw = wachbewusst; ubw = unbewusst)

5.6. Perspektiven der Traumbetrachtung

5.7. Fragen zur Selbstbegegnung mit einem Traum

Für die Erstbegegnung mit einem Traum sind einige ganz allgemeine Fragen sinnvoll. Sie sind geeignet, sich selbstständig auf einen eigenen Traum einzulassen. Einige Fragen sind bereits hier und da aufgetaucht. Ich stelle sie nun systematisch zusammen. Sie sind als eine Art Checkliste gedacht.

Dabei kommt es nicht darauf an, jede oder möglichst viele Fragen zu beantworten. Vielmehr geht es darum festzustellen, bei welcher Frage ich verweile und von welcher Fragestellung ich zu weiterem Nachdenken angeregt werde. Die Reihenfolge spielt dabei keine Rolle. Zunächst die zehn grundsätzlichsten Fragen:

→ Welche Tagesreste zeigen sich im Traum?
→ Welche Figur bzw. Gestalt, welcher Gegenstand steht mir am nächsten?
→ Welche Figur bzw. Gestalt, welcher Gegenstand ist mir sehr fremd?
→ Welches Gefühl hatte ich im Traum, und woher kenne ich es noch?
→ Mit welchem Gefühl bin ich aufgewacht, und inwiefern ist es mir vertraut?
→ Was sagt mir der Traum insgesamt?
→ Was sagen mir einzelne Traumgestalten?
→ Inwiefern zeigt sich im Traum, was ich im Alltag zu leben vermeide?
→ Inwiefern zeigt der Traum, was oder wer ich noch sein kann?
→ Was fällt mir zu dem Traum ganz allgemein ein?

Sollten die bisherigen Fragen nicht dazu geführt haben, dass in irgendeiner Weise eine Beziehung zwischen dem Traum und dem Leben erkennbar wurde, können vielleicht die folgenden Fragen weiterhelfen.

- → Welche zu einseitige Lebenseinstellung wird im Traum ausgeglichen, korrigiert?
- → Welches Lebensthema, welcher Lebenskonflikt, welches familiäre Problem klingt im Traum an?
- → Welche Botschaft zur Lebensgestaltung vermittelt mir der Traum?
- → Wie fördert der Traum meine Lebensentfaltung?
- → Welches Traumbild, welche Traumhandlung verstehe ich noch nicht?
- → Mit welcher Traumgestalt bzw. Traumhandlung kann ich mich am besten identifizieren (d. h. als zu mir gehörig betrachten)?
- → Welche Bezüge zur Bibel, zur Literatur, zu Film oder Theater und sonstigen Kulturgütern der Menschheit verhelfen mir zu einem erweiterten Verständnis des Traumes?

Zusammenfassend weise ich darauf hin, dass es mir nicht um Traumdeutung, sondern um Traumauslegung geht, die dem Verstehen eines Traumes dienen soll. Der Begriff und die Methoden der „Auslegung" sind aus dem Umgang mit biblischen Texten vermutlich vielen Leserinnen und Lesern bekannt. Es ist vornehmlich das „Geschäft" derer, die sich professionell oder als interessierte Laien um die Botschaft des schriftlichen Wortes Gottes mühen, um diese in Gestalt einer Predigt oder im religionspädagogischen Unterricht zu vermitteln.

Nachdem anhand von Textanalyse und der dazu dienlichen Fragestellungen rational erfasst wurde, was der Text in seiner überlieferten Gestalt sagen möchte, gilt es nun auf die aktuelle Botschaft zu hören. Diese Aktualisierung (Was will der Text bzw. Gott durch den Text mir bzw. auch anderen heute sagen?) leistet nach meinem Verständnis Gott selbst kraft seines Heiligen Geist und sie ist deshalb unverfügbar und individuell. Erst durch die spirituelle Aktualisierung wird sie zur Ansprache Gottes und der sie Empfangende fühlt sich von ihm angesprochen.

Die Arbeit der Auslegenden ist vergleichbar mit dem Bemühen um die Botschaften von Träumen. Ob nun ein Traum das Prädikat „religiös" erhält oder nicht, in jedem Fall signalisiert das Gebet (nachdem der Traum methodisch ausgelegt und seine Botschaft erfasst wurde): *Was willst du, Gott, mir mit diesem Traum sagen?*, die Bereitschaft, auch Gottes Hinweise für mein Leben zu hören.

6. Träume in der Bibel

> Und Gott befahl ihnen im Traum, (…) und sie zogen
> auf einem anderen Weg in ihr Land.
> *Matthäus 2,12*

Die Bibel erzählt davon, wie Gott die von ihm erwählten Menschen führt und welche Rolle Träume dabei spielen. Träume werden in der Bibel nicht als eigenes Thema behandelt. Sie sind vielmehr eingebettet in Gottes Handeln mit bestimmten Menschen und mit seinem erwählten Volk. Am häufigsten tauchen Träume in kritischen Lebenslagen einzelner Menschen oder einer ganzen Volksgemeinschaft auf. Gravierende Veränderungen deuten sich bereits in Träumen an, Krisen schicken ihre Vorboten im Traumgesicht.

6.1. Der Traum markiert einen Wendepunkt

Den ersten Traum, den uns das Alte Testament überliefert, träumte Jakob (1. Mose 28,10–22). Auf der Flucht vor der Schuld seiner Vergangenheit begegnet ihm Gott im Traum und gibt ihm eine neue Zukunft. Es ist der Beginn einer Beziehung zwischen Gott und Jakob, dem Stammvater Israels. Gott gestaltet von nun an das Leben dieses sehr eigenwilligen Menschen mit.

Im 1. Mose 40 träumen zwei inhaftierte Beamte des Pharaos die bevorstehende Wende ihres Schicksals mit sehr gegensätzlichen Folgen. Der Mundschenk wird wieder in sein Amt eingesetzt, für den Bäcker endet die Haft am Galgen.

Die wirtschaftliche Krise aufgrund einer Dürreperiode in Ägypten zeigt sich in den Träumen des Herrschers. Sieben magere Getreideähren verschlingen die saftigen Ähren und sieben magere Kühe fressen ihre fetten Artgenossen auf (1. Mose 41). Die sachgemäße Deutung der Träume und vor allem die daraus gezogenen Konsequenzen sichern nicht nur der ägyptischen Bevölkerung das Überleben, sondern sanieren durch den Verkauf von Nahrungsmitteln an die Nachbarregionen auch den Staatshaushalt. Dabei bewahren die individuellen Träume des Pharao nicht nur die Ägypter, sondern vor allem die erwählte Sippe, die Wurzel des zukünftigen Bundesvolkes, vor dem Untergang.

Jahrzehnte später, als das Volk Israel schon eine Weile im verheißenen Land lebte und ihre raubsüchtigen Nachbarn, die Midianiter, ihnen immer wieder die Ernteerträge stahlen, griffen sie schließlich zu den Waffen. Gideon, der Anführer der israelischen Truppe träumte den Sieg. Das gab allen Mut zum Kampf, der dann unter Einsatz recht ungewöhnlicher Mittel zum Sieg führte (Richter 7,13–14). Die wirtschaftliche Existenzkrise war somit vorerst bewältigt.

Im Neuen Testament sind es zwei Träume von Jesu Pflegevater Josef, die das Überleben des Messias, des erhofften Retters Israels und damit der gesamten Menschheit sichert (Matthäus 1,20 f.; 2,19 f.). Während Herodes den Säuglingsmord in Bethlehem plant, zieht die Heilige Familie zur Sicherheit nach Ägypten. Aufgrund eines Traumes (Matthäus 2,12) wandern die morgenländischen Sterndeuter zum Schutz des göttlichen Kindes auf einem Umweg in ihre Heimat zurück.

Die bisher angeführten biblischen Belege machen deutlich: Träume vermitteln offenbar entscheidende Hinweise zur Bewältigung lebensbedrohlicher Situationen. Aber nicht nur an wichtigen Marksteinen der persönlichen Geschichte, der Geschichte einer Volksgemeinschaft und der Heilsgeschichte spielen Träume eine Rolle.

Gott bewahrt durch Träume einzelne Menschen vor ihrem Unheil und beeinflusst ihr Verhalten anderen gegenüber, zum Vorteil sowohl für den Träumer als auch für den Nächsten (1. Mose 20,1–7; 31,24; 1. Samuel 28,6+15). Gott führt auch durch Träume. Stammvater Jakob tritt aufgrund eines Traumes die Rückreise in das Land seiner Ursprungsfamilie an (1. Mose 31,11+13). Träume sind ein vertrautes Mittel, durch das Gott seinen Willen mitteilt.

Im Alten Testament wird klar unterschieden zwischen *Offenbarungsträumen*, durch die Gott sich mitteilt und die der Träumer ohne fremde Deutungshilfe versteht, und *Symbolträumen*, die der Deutung bedürfen. Klassische Offenbarungsträume sind die Träume Jakobs (1. Mose 28) und Josefs (1. Mose 37). Das Schicksal des Letzteren kündigt sich schon in den Träumen seiner Jugend an. Offenbarungsträume werden von Angehörigen des jüdischen Volkes geträumt, Symbolträume von Heiden. Die Deutung erfolgt dann durch einen Juden. Josef deutet die Träume der ägyptischen Beamten und des Pharaos, Daniel den weltpolitischen Traum des babylonischen Herrschers Nebukadnezar (Daniel 2; 3,31–4,34).

Um die göttliche Botschaft eines Traumes zu erfassen, bleibt der Traumdeuter auf die Hilfe Gottes angewiesen. Er kann sich nicht eigenwillig Gottes Mitteilung bemächtigen (1. Mose 41,16).

Allerdings ist die positive Bewertung des Traumes in der Bibel nicht einhellig. Es gibt auch skeptische Stimmen. Träume können von falschen Propheten für eigene Interessen missbraucht werden, weshalb der Prophet Jeremia eine eher kritische Haltung gegenüber dem prophetischen Offenbarungstraum einnimmt (Jeremia 23,25 ff.; 27,9 f.).

Schließlich sei noch ein Traumerleben erwähnt, das in seiner Art im Alten Orient weit verbreitet war. Machthaber begaben sich an Kultstätten und schliefen an heiligen Orten zu Beginn und gelegentlich während ihrer Amtszeit, um im Traum Weisungen und Hilfen für ihre politischen und militärischen Aufgaben zu erhalten. König Salomo erfährt vor Antritt seiner Herrschaft im Traum in direkter Gottesrede von den Verheißungen (1. Könige 3,5–15), die Gott ihm zugedacht hat.

Träume in der Bibel gehen über die bloße Selbsterfahrung hinaus. Ein rein psychologisches Interesse am Menschen oder an seinen Träumen ist ihr fremd. Vielmehr geht es darum, erkennbar und erfahrbar zu machen, wer Gott ist, wer die Menschen sind, wie Gott mit ihnen umgeht und mit ihnen seine Geschichte zu ihrem eigenen Wohl gestaltet.

Die Traumberichte, wie sie in den überlieferten Texten vorliegen, sind dabei in das Gesamtanliegen der Bibel eingebettet, nämlich Gottes Geschichte mit seinen Menschen darzulegen. Gott mischt sich wohlwollend ein und lässt nichts unversucht, um Menschen zu begleiten. Die biblischen Erzählungen und Berichte sind Zeugnisse von Gottes Handeln, die ermutigen möchten, ihm zu vertrauen. Eine rein psychologische Betrachtung der biblischen Träume greift zu kurz und wird ihnen daher nicht gerecht. Die Träume der Bibel wollen Botschaft vermitteln und zu Gottes Anrede an den Menschen werden.

Dieses Anliegen möchte ich aufgreifen und Sie einladen, mit mir einen Traum exemplarisch für andere näher anzusehen und sich dem Text auszusetzen. Dazu wähle ich die Erzählung von Jakobs Traum in Bethel[37], den wohl bekanntesten Traum aus der Bibel, und stelle sie unter das Leitmotiv: *Ein Gott, von dem man nur träumen kann?*

6.2. Ein Gott, von dem man nur träumen kann?

> Aber Jakob zog aus von Beerseba und machte sich auf den Weg nach Haran und kam an eine Stätte, da blieb er über Nacht, denn die Sonne war untergegangen. Und er nahm einen Stein von der Stätte und legte ihn zu seinen Häupten und legte sich an der Stätte schlafen.

> Und ihm träumte, und siehe, eine Leiter stand auf Erden, die rührte mit der Spitze an den Himmel, und siehe, die Engel Gottes stiegen daran auf und nieder.
> Und der Herr stand oben darauf und sprach: „Ich bin der Herr, der Gott deines Vaters Abraham, und Isaaks Gott; das Land, darauf du liegst, will ich dir und deinen Nachkommen geben.
> Und dein Geschlecht soll werden wie der Staub auf Erden, und du sollst ausgebreitet werden gegen Westen und Osten, Norden und Süden, und durch dich und deine Nachkommen sollen alle Geschlechter auf Erden gesegnet werden.
> Und siehe, ich bin mit dir und will dich behüten, wo du hinziehst, und will dich wieder herbringen, in dies Land. Denn ich will dich nicht verlassen, bis ich alles tue, was ich dir zugesagt habe."
> Als nun Jakob von seinem Schlaf aufwachte, sprach er: „Fürwahr, der Herr ist an dieser Stätte, und ich wusste es nicht!"
> Und er fürchtete sich und sprach:
> „Wie heilig ist diese Stätte! Hier ist nichts anderes als Gottes Haus und hier ist die Pforte des Himmels."
>
> 1. Mose 28,10–17

Es ist der Traum, eigentlich das Traumbild[38], eines Mannes, dessen Familienverhältnisse massiv aus der Bahn geraten waren. Er träumt ihn auf der Flucht vor seinem Bruder, der ihn umzubringen angedroht hatte. Er war tief verletzt. Wie ist es so weit gekommen?

Der lebensgeschichtlich-familiäre Hintergrund zeichnet folgendes Bild: Die Ehe der Eltern hat Schieflage. Sie reden nicht mehr miteinander. Es scheint, dass sie einander entfremdet sind und jeder seine eigene Politik in der Familie macht. Als es um das Erbe geht, genauer: um den Erbsegen, der die materielle Sicherheit des ältesten Sohnes gewährleistet, wird das ganz offensichtlich. Der Vater, der den Segen zu verteilen hatte, spricht mit Esau, dem älteren der Zwillinge. Dabei hat er offenbar nicht mitbekommen, dass seine Frau für den jüngeren Sohn, ihren Liebling Jakob, andere Pläne hegt. Der soll nicht zu kurz kommen.

Und so spinnt sie zunächst gegen Jakobs Willen und später doch mit seiner Unterstützung eine Intrige gegen den Ehemann. Jakob wehrt sich nicht genügend und passt sich den mütterlichen Absichten an, obwohl er davon überzeugt ist, dass es ein Unrecht ist, was sie vorhat. Rebekka sichert zu, die Verantwortung dafür und für die Folgen *seines* Tuns zu übernehmen. Das wischt seine Bedenken vom Tisch, und er macht mit.

Jakob schlüpft in die Rolle des älteren Sohnes und gibt sich seinem Vater gegenüber als sein Bruder Esau aus. Vater Isaak wird misstrauisch, sodass Jakob erst durch eine zweimalige Lüge (1. Mose 27,19–24) seinen Vater überlisten kann und er anstelle seines Bruders den begehrten Erbsegen, die Sicherung des materiellen Auskommens, empfängt.

Esau erfährt selbstverständlich davon und beschließt nun, um das Erbe betrogen, in seinem tiefen Schmerz, nach dem Tod des Vaters, Jakob zu beseitigen (Vers 41). Die Mutter erfährt davon und drängt ihren Jakob zur Flucht; was er auch beherzigt. Jakob läuft vor dem Unrecht, dass er seinem Bruder angetan hatte, und dem Betrug an seinem Vater davon. Er wird zu einem Menschen, der vor seiner Vergangenheit flüchtet.

Jakob steht für viele, die vor dem weglaufen, was sie anderen angetan haben. Fluchtmöglichkeiten gibt es auch heute. Der eine flüchtet sich in die Arbeit. Ein anderer flüchtet in immer neue Beziehungen und Abenteuer. Wieder andere suchen den Rausch, den Kick; sind unstetig, ständig auf Achse, wollen immer nur weg, aber eigentlich nicht wirklich irgendwo hin. Menschen auf der Flucht.

Und Gott? Was sagt er zu dieser Intrige und dem Betrug in dieser Familie, mit der er doch seine Geschichte machen will? Müsste er nicht längst einschreiten? Müsste er nicht dazwischenfahren? Müsste er nicht Jakob ins Gewissen reden, ihm den Fluchtweg abschneiden und ihn sofort zurückschicken, damit er seine familiären Verhältnisse bereinigt? Müsste er nicht Jakob gehörig die Leviten lesen? Müsste er nicht …?

Von alledem ist nichts zu lesen. Kein Wort des Vorwurfs. Kein Wort der Anklage: Was hast du mit deinem Vater, mit deinem Bruder, mit deiner Familie gemacht? Das Thema kommt nicht vor. Bei dem Bruderpaar Kain und Abel war das anders. Nach dem Brudermord fragte Gott Kain: „Wo ist dein Bruder Abel?" Aber hier wird die Schuld mit keiner Silbe angeschnitten. Und doch macht Gott sich bemerkbar. Er schaut nicht einfach tatenlos zu. Er überlässt Jakob nicht einfach seinem Schicksal, den Folgen seines Unrechtes und seines Betrugs. Er lässt ihn jetzt nicht einfach durch das Leben jagen und irren. Gott kommt – aber er kommt sehr vorsichtig, zurückhaltend, behutsam, fast so nebenbei. Er meldet sich an der „Hintertür".

Er zeigt sich im Traum. Im Traum wird für Jakob eine Seite seiner eigenen Person erlebbar, die auch zu ihm gehört. Zu ihm gehört nicht nur seine schuldbehaftete Vergangenheit. Zu ihm gehört vor allem, dass Gott mit ihm seine Geschichte machen will. Und darauf lenkt er seine Aufmerksamkeit. Wichtiger noch als menschliche Schuld sind Gottes Pläne mit uns.

Als Erstes knüpft Gott darum eine Beziehung zu Jakob. Er stellt sich vor, teilt seine Absichten mit und verspricht ihm seine Begleitung. So ist Gott. So geht er mit Flüchtenden um. So verhält er sich denen gegenüber, die an anderen schuldig geworden sind. Gott kommt es darauf an, dass Jakob durch diesen Traum versteht: Ich bin auf deiner Seite. Von diesem Gott kann man eigentlich nur träumen. Oder?

Jakob nimmt seinen Traum und diese traumhafte Gottesbegegnung ernst. Sie geht ihm unter die Haut und verändert sein Leben. Manchem mag es so gehen, dass er insgeheim von einem vorurteilsfrei bejahenden Gott träumt. Und mancher wünscht sich, dass Gott ihm auch so zugewandt begegnen und ihm Hoffnung schenken möge. Das ist möglich.

Jakobs Traum hat sich erfüllt. Seine Lebensgeschichte macht das deutlich. Für ihn war die Gottesbegegnung mehr als ein Traum. Sie wurde sein Lebensprogramm. Was Jakob mit Gott erlebte und von der Art, wie er mit seinen Träumen umging, können wir lernen. Die Geschichte kann uns anregen, unsere Träume ernst zu nehmen und in ihnen Gottes Reden zu vernehmen. Dazu haben wir gute Gründe. Warum?

6.3. Träume – Gottes vergessene Sprache

Es ist deutlich geworden, dass Träume in der Sorge Gottes um einzelne Menschen und um ein ganzes Volk eine wichtige Bedeutung erlangen. Sein Bemühen zielt darauf ab, dass unser Leben gelingt.

Besondere Beachtung für das biblische Verständnis des Traums verdient ein Text aus der Weisheitsliteratur des Alten Testaments aus dem Buch Hiob, Kapitel 33, die Verse 14 bis 18:

> Denn auf eine Weise redet Gott und auf eine zweite; nur beachtet man's nicht. Im Traum, im Nachtgesicht, wenn der Schlaf auf die Menschen fällt, wenn sie schlafen auf dem Bett, da öffnet er das Ohr der Menschen und schreckt sie auf und warnt sie, damit er den Menschen von seinem Vorhaben abwende und von ihm die Hoffart tilge und bewahre seine Seele vor dem Verderben und sein Leben vor des Todes Geschoss.

Um die Bedeutung dieser Verse zu ermessen, ist es unerlässlich, sie im Zusammenhang des Hiobbuches zu betrachten und darüber hinaus ihre Stellung innerhalb der Weisheitstradition des Alten Testament auszumachen.

Die alttestamentliche Wissenschaft unterscheidet zwischen einer älteren Erfahrungsweisheit und der jüngeren Offenbarungsweisheit. Die zitierten Verse stammen aus der Rede Elihus, die zwischen den Reden der drei Freunde Hiobs und Gottes Antwort an Hiob (Kap. 38) eingeschoben ist. In seinem Statement kommt die sogenannte Offenbarungsweisheit zu Wort.

Das biblische Verständnis von Weisheit unterliegt einer längeren Entwicklung. Zunächst wurden unter dem Begriff „Weisheit" (*hebr. von hakam = weise sein*) berufliche Fertigkeiten wie handwerkliches

Können und künstlerisches Geschick[39] verstanden. Sie beruhen auf der Erfahrung im Umgang mit den entsprechenden Materialien.

Der praktische Aspekt erweiterte sich um eine mehr psychologische Dimension, sodass unter Weisheit hauptsächlich die kluge Bewältigung von Alltagssituationen verstanden wurde. Man versuchte in den Wechselfällen des Lebens doch so etwas wie eine Ordnung aufzuspüren. Ihre Kenntnis verhalf zu einem besseren Umgang mit dem Leben. Dieses Wissen war auch nötig, denn viele Fragen des praktischen Alltags wurden durch die göttlichen Gebote und Weisungen nicht berücksichtigt.

Die Priester regelten anhand der kultischen Rituale (Opfer- und Reinheitsbestimmungen) den Umgang der Menschen mit Gott. Die Propheten wirkten auf die Politik ein und prangerten vor allem soziale Ungerechtigkeiten, Missstände und den Götzendienst an. Sie sprachen in Gottes Willen den Mächtigen ins Gewissen. Beide Vertreter des religiösen Lebens versuchten auf ihre Weise, das Leben und die Lebensverhältnisse auf den Jahweglauben zu beziehen und von diesem Glauben her zu deuten. Über das Leben nachzudenken und dadurch zu Einsichten und Erkenntnissen zu kommen, war nicht ihre Aufgabe.

Hinzu kam, dass sich politische Verhältnisse wandelten und sich neue soziale Lebensformen entwickelten. Wie sollte der fromme Israelit in seinem Alltag und in seinem sozialen Umfeld nach Gottes Willen leben? Auf diese Frage Antworten zu finden, wurde zur Aufgabe der Weisheit. Ihre Dichter und Denker gewannen ihre Einsichten vor allem aus der Erfahrung. Sie stellten dabei fest, dass ein bestimmtes Verhalten meistens vorhersehbare Folgen hat. Weisheit wurde zur Lebensberatung im ganz allgemeinen Sinn. Sie schöpfte aus der Beobachtung von Lebensprozessen und versuchte, die geheimen Ordnungen, die das Leben durchziehen, zu erfassen und an die nächsten Generationen weiterzugeben. Die höfische Kunst der politischen Beratung galt als eine besondere Ausdrucksform der Erfahrungsweisheit.

6.3. Träume – Gottes vergessene Sprache

Die wichtigste Erkenntnis beschreibt die Erfahrungsweisheit in dem sogenannten Tun-Ergehen-Zusammenhang. Er meint, dass das persönliche Ergehen vom eigenen Verhalten abhängt. Die Folgen meines Tuns werden mich ereilen, irgendwann und irgendwie, und das sollte ich bedenken, bevor ich handle. Vor allem das Buch der Sprüche Salomos formuliert in sprachlich kunstvoller und verdichteter Weise viele Beispiele dieser Lebensweisheit.[40] Auch in den Gebeten und Liedern der Psalmensammlung ist sie hier und da zu finden.

Die Weisheitslehrer sahen ihre pädagogische Aufgabe darin, unter Weitergabe ihres Erfahrungswissens junge Menschen dazu anzuleiten, innerhalb der göttlichen Lebensgesetze optimal mit sich selbst, den Menschen ihres sozialen Umfeldes und mit den materiellen Gütern umzugehen.

Die Allwirksamkeit des Tun-Ergehen-Zusammenhangs blieb nicht unwidersprochen, denn sie führte zu dem Glauben, das ganze Leben und besonders die Zukunft seien auf diese Weise berechenbar. Das Predigerbuch zieht eine so kalkulierende Lebensweise in Zweifel und setzt sich eher kritisch mit dem Versuch der regelgeleiteten Lebensbemächtigung auseinander. Der Verfasser kommt zu der Ansicht, dass weder das Leben noch Gott berechenbar sind und man gut beraten ist, das Beste aus dem Leben zu machen, wie immer es sich auch gestalten möge.

Im Hiobbuch kommt sowohl die Erfahrungsweisheit als auch die später entwickelte Offenbarungsweisheit zu Wort[41]. In den Reden seiner Freunde hört Hiob noch die gängige Schulweisheit. Sie schöpfen aus dem Fundus der Erfahrungsweisheit, in der Hoffnung, ihrem Freund in seinem Leid beistehen und ihn trösten zu können. Es gelingt nicht. Die Grenzen der Erfahrungsweisheit werden deutlich und von Hiob schmerzlich erlebt. Er zieht sich unverstanden und ungetröstet ins Schweigen zurück.

Bevor nun Gott selbst mit Hiob spricht, meldet sich Elihu zu Wort und schöpft dabei aus der Offenbarungsweisheit, einer jüngeren Tradition des Weisheitsverständnisses. Man nimmt an, dass die

Elihu-Rede eine spätere Ergänzung des ursprünglichen Textes, der aus der Rahmenerzählung, den Dialogen zwischen Hiob und seinen Freunden und der Gottesrede besteht, darstellt.

Nach dem jüngeren Verständnis rückte die Weisheit aus dem bloß menschlichen Beobachten und Nachsinnen in die göttliche Sphäre auf. Sie wurde als Teil der Schöpfung und Offenbarungsmittlerin betrachtet. Mit ihr zusammen und durch sie gestaltet Gott seine Werke und das Leben der Menschen. Durch sie teilt Gott sich selbst mit. Offenbarungsweisheit zeichnet sich gegenüber der Erfahrungsweisheit dadurch aus, dass sie viel stärker göttliche Züge trägt, sozusagen göttlich qualifiziert ist. In den Aussagen der Offenbarungsweisheit kommt Gott direkter zu Wort.

In diesem Sinn kann *Christoph Morgenthaler* im Blick auf die Qualität des Traumes sagen: „Träume sind Ausdruck des in der ganzen Schöpfung wirkenden Geistes Gottes. – Träume sind eine Form der Zuwendung Gottes zu den Menschen und das Ereignis seines gegenwärtigen Wirkens."[42]

Die göttliche Offenbarungsweisheit spricht nun aus Elihu. Er möchte Hiob ebenfalls trösten. Es ist der letzte Versuch, Hiob Trost zuzusprechen. Er versucht es, indem er auf den erzieherischen Sinn des Leidens hinweist. Der Gedanke, dass Gott seine Leute erzieht, ist durch die Botschaft der alttestamentlichen Propheten bekannt.[43] Gottes erzieherischer Umgang mit seinen geliebten Menschen wird auch im Neuen Testament angesprochen: „… denn wen der Herr lieb hat, den züchtigt er"[44]. Gottes Liebe findet auch in seinem erzieherischen Einfluss ihren Ausdruck.

Elihu weist in seinen Worten an Hiob dem Traum eine besondere Funktion bei Gottes Menschenführung zu. Gott warnt den Menschen und schickt ihm im nächtlichen Schlaf Träume, um ihn vor dem Scheitern seines Lebens zu bewahren.

„Warnen", im Hebräischen mit „*jasar*" bezeichnet, gehört zu den Verben des Redens und umfasst die Bedeutung von *mahnen, belehren, züchtigen*. Immer geht es dabei darum, dass der Ermahnte sein Leben nicht verfehlt, sondern sein Verhalten zu seinem eigenen Wohl ändert. Die Mahnung ist ein „Weg des Lebens". Gott redet warnend durch den Traum.

Gottes Pädagogik kommt in den nächtlichen Träumen zum Zug. Das griechische Alte Testament (Septuaginta) übersetzt *jasar* mit *paideuein* (= erziehen, bilden), von dem das Wort Pädagogik abgeleitet ist. Schlafträume sind für den Glaubenden mehr als eine psychologische Selbsterfahrung. Der Traum schließt von seinem Wesen her die Gotteserfahrung mit ein. Seine Botschaft ist Warn- und Hinweisschild auf dem Weg mit Gott. Ob ein Traum religiösen Charakter hat oder biblische bzw. religiöse Motive aufnimmt, spielt dabei keine Rolle. Der Trauminhalt ist nicht entscheidend. Jeder Traum kann zur Botschaft Gottes werden.

Diese Tatsache hat Konsequenzen für unseren Umgang mit Träumen bzw. sollte sie haben. Besonders *Morgenthaler* weist aus dieser Sicht auf den unschätzbaren Wert des Traumes hin, indem er unterstreicht: „Träume können Menschen in einen neuen Zusammenhang stellen, die falsche Ausrichtung ihres auf sich selbst bezogenen Seins zutage bringen und zur Überwindung der gegebenen Form des Selbst beitragen."[45]

Mit anderen Worten: Träume können Leben retten! Sie tun dies, indem sie den Glauben vertiefen und erweitern.

6.4. Der Traum als Ganzheitserfahrung

Im Traum zeigt sich die unbewusste Dimension der Seele. Dem Träumer begegnet in seinem Traum ein Stück von ihm selbst, eine Seite seines Wesens, die zu seiner Ganzheit gehört.

Gott sagte zu Abraham, dem Urbild und Leitbild des Glaubens: „Wandle vor mir und sei fromm" (1. Mose 17,1b). Genauer aus dem Hebräischen übersetzt, lautete die Anweisung Gottes: „Wandle vor meinem Angesicht als ein Ganzer!" Das hebr. Wort *tamam* bedeutet:

ganz, integer, vollständig. Mit psychologischer Begrifflichkeit meint „ganz" das Gegenteil von „gespalten". Der Sinn dieser Aufforderung liegt darin, dass Abraham nicht als ein in sich gespaltener, sondern als ein mit sich selbst identisch lebender Mensch sein Leben gestalten soll.

Zur Ganzheit des Menschen gehört auch das, was ihm nicht bewusst ist, aber zu seiner Persönlichkeit gehört. Der Psalmdichter war mit diesem Gedanken sehr wohl vertraut, als er sprach: „Verzeihe mir die verborgenen Sünden" (Psalm 19,13), und er spricht von seinen Sünden, die vor ihm verborgen, also unbewusst geblieben sind. Zum ganzheitlichen Glauben gehört demnach, auch das einzubeziehen, was unbewusst ist und etwa durch Träume bewusst werden kann. Ganzheitlich glauben heißt für mich, den verdrängten und abgespaltenen Teilen der Persönlichkeit zu begegnen und – wenn sie ins Bewusstsein drängen – sie nicht länger abzuwehren. Dazu gibt es viele Wege, Möglichkeiten und Gelegenheiten. Sich mit seinen Träumen auseinanderzusetzen, ist einer davon.

Die Menschen der Bibel sind durch ihre Träume und ihr Träumen heiler geworden und haben ihren Weg klarer erkannt, weil sie ihr Leben besser verstehen lernten. Für sie war der Traum eindeutig die Ansprache Gottes in ihrem Leben. Entscheidend ist, ob auch wir heute unsere Träume in unsere Gottesbeziehung mit hineinnehmen. Das ist eine Frage der inneren Haltung sowie der Offenheit gegenüber Gott. Darüber hinaus bleibt es ein Geheimnis, warum Gott diesen Menschen so und jenen wieder anders träumen lässt und in welcher Weise sich Gott im Traum verbirgt und zeigt. Wir selbst sind ein Geheimnis, in dem Gott sich versteckt. Deshalb schließe ich dieses Kapitel mit einigen Zeilen des Schweizer Pfarrers und Lyrikers Kurt Marti[46]:

großer gott klein

großer gott:
uns näher
als haut
oder halsschlagader
kleiner
als herzmuskel
zwerchfell oft:
zu nahe
zu klein –
wozu
dich suchen?

wir:
deine verstecke

7. Gottes Traumgrammatik – der religiöse Traum

> Die religiöse Bezugmöglichkeit spielt heute beim träumenden Menschen eine um so größere Rolle, je mehr sie bei den Wachenden verschüttet ist.
>
> *Christoph Morgenthaler*

Obwohl Gott grundsätzlich durch jeden Traum reden kann, haben religiöse Träume für unser Leben und unseren Glauben eine besondere Bedeutung und verdienen deshalb vermehrte Beachtung.

Christoph Morgenthaler, Professor für Pastoralpsychologie und Seelsorge an der Universität Bern, untersuchte 1000 Träume in der gängigen Traumliteratur. Dabei stellte er fest, dass allein 260 Träume, also über ein Viertel, religiöser Natur waren.[47] Was sind religiöse Träume und was zeichnet sie aus?

Was ist unter dem Begriff „religiös" zu verstehen? „Religiös" kommt von dem lateinischen Wort *relegere* und bedeutet „zurückbinden, anbinden". Es geht um die „,Rückbindung' an etwas Größeres in uns und außerhalb unseres Ich-Bewusstseins, das uns plötzlich ergreifen kann und uns an den göttlichen Urgrund, an den ‚tiefsten Seelengrund', wie die Mystiker sagen, wieder rückbindet"[48]. „Religiös" meint in seiner ursprünglichsten Bedeutung die Beziehung des Menschen zu seinem göttlichen Lebensgrund. Der religiöse Traum bringt dieses Verbunden- und Eingebundensein zum Ausdruck. Er bezieht sich darauf, dass wir Teil eines uns umfassenden Sinnzusammenhangs sind, der über unser Leben hinausweist.

Wie lässt sich ein religiöser Traum definieren? Anhand welcher Kriterien kann man erkennen, dass ein Traum religiös ist? Was ist das Religiöse am religiösen Traum?

7.1. Merkmale religiöser Träume

Sieben verschiedene Merkmale lassen meines Erachtens erkennen, ob ein religiöser Traum vorliegt oder nicht[49]. Weist ein Traum mindestens eine dieser Eigenschaften auf, kann man von einem religiösen Traum sprechen.

1. Ein religiöser Traum zeichnen sich dadurch aus, dass in ihm Gegenstände, Gestalten und Symbole vorkommen, die im Christentum oder in einer anderen Religion eine Bedeutung haben. Wenn eine Kirche, ein Tempel, Priesterinnen und Priester, Pfarrer oder Pfarrerinnen, Engel oder Heilige, kultische Rituale, Gebete, Gesänge, Feste, Mythen etc. im Traum enthalten sind, wird er zu einem religiösen Traum.

2. Die Wirkung, die ein Traum auf den Träumer bzw. die Träumerin ausübt, macht ihn zu einem religiösen Traum. Wenn der Träumer fühlt, dass ihn ein Traum existentiell stark anspricht, ihn „unbedingt angeht"; wenn er den Eindruck hat, dass der Traum sehr wichtig ist und er ihm eigentlich nicht ausweichen sollte, besitzt der Traum religiöse Qualität.

Es handelt sich um Träume, die in Entscheidungssituationen, in Krisen oder Grenzerfahrungen des Lebens – lebensbedrohliche Krankheiten, Abschied, Tod, Verlust, Geburt etc. – geträumt werden. Solche Träume vermitteln eine religiöse Erfahrung, weil dem Träumer eine lebenswendende, entscheidende, für sein gegenwärtiges und zukünftiges Selbst- und Lebensverständnis zentrale Botschaft gegeben wird, die ihn in der Tiefe seiner Existenz trifft.

3. Ein Traum kann, auch wenn er selbst keine religiösen oder christlichen Anklänge liefert, durch bestimmte Einfälle und Asso-

ziationen zu einem religiösen Traum werden, d. h. der Träumende verknüpft mit seinem Traum christliche Werte und Vorstellungen, biblische Texte oder liturgische Rituale. Dasselbe gilt, wenn ein fachkundiger Interpret (Seelsorger, Therapeut oder Pastoralpsychologe) durch seine Assoziationen und gedanklichen Bezüge Verbindungen zu Gestalten der Bibel, des Christentums und seiner Gedankenwelt herstellt. „Auch wenn keine (…) direkt religiösen Inhalte vorkommen, der Traum aber deutlich eine religiöse Deutung zulässt, scheint mir der Begriff ‚religiöser Traum' erlaubt zu sein."[50]

4. Setzt sich der Träumer aktuell mit Fragen des Glaubens auseinander und träumt in dieser Zeit einen Traum, der einen Zusammenhang zu dem spirituellen Thema erkennen lässt, kann man von einem religiösen Traum sprechen. Jemand steht beispielsweise vor der Frage, sich einer bestimmten örtlichen Kirche oder christlichen Gemeinde anzuschließen. Träumt er in dieser Zeit einen Traum, der ihn zu einer Antwort auf seine Frage hinführt, so handelt es sich um einen religiösen Traum. Auch Träume, die durch Tagesereignisse ausgelöst worden sind, die in irgendeiner Weise mit Religion, Christentum, Glaube und Kirche zusammenhängen, verdienen das Prädikat „religiös".

5. Ein Traum gewinnt eine religiöse Qualität durch die assoziativen Erinnerungen des Träumers an Szenen und Situationen aus seinem Leben, die zu seiner eigenen Geschichte mit Gott und der Religion gehören.

6. Bestimmte Gefühle weisen auf einen religiösen Traum hin. Es handelt sich um Empfindungen, „die uns ‚jenseitig', alles Irdische und Begrenzende übersteigend (…) erscheinen, z. B. ‚ozeanische' oder ‚Alles ist eins'-Gefühle"[51].

7. Schließlich zeigt ein Traum seinen religiösen Charakter dadurch, dass er zu einer geistlichen Erfahrung, zu einem Erlebnis mit Gott hinführt. Das erleben wir, wenn wir die „Botschaft (…) des Traums im Zusammenhang (…) unseres Glaubens so wahrnehmen, dass sie uns über rational und argumentativ gewonnene Ein-

sichten hinaus Lebensmut und Zuversicht, aber vielleicht auch Höllenangst und Schuldbewusstsein, Wegweisung und Warnung zugleich bedeutet, die wir als jenseitig, ja von Gott kommend und ins Jenseits, ja auf Gott hin verweisend begreifen"[52].

Der religiöse Traum bringt den Träumer, auf eine kurze Formel gebracht, in Verbindung mit seinem Lebensgrund. Es kann dabei um den Gott der Bibel gehen oder um ein Wesen, das für den Träumer religiös besetzt ist. Der Lebensgrund kann sich sowohl als tragfähig und bergend wie auch als bedrohlich und erschrecken erweisen.

Corinna lebt allein, ist berufstätig, Anfang 40, und träumte den folgenden Traum eine Woche, bevor ihr Gynäkologe ihr mitteilte, dass sie einen Knoten in ihrer Brust habe, der wahrscheinlich nicht bösartig sei, aber zur Sicherheit entfernt werden muss. Corinna suchte Beratung auf, da dieser Traum sie sehr aufwühlte und sie das Gefühl hatte, dass er sehr wichtig für sie sei. Entsetzt war sie aus dem Traum aufgewacht. Sie hatte starke Atemnot, auch wegen einer Erkältung. Sie träumte:

Zuerst sehe ich Notenblätter. Eine Sängerin bemerkt, dass wir dies alles nie wieder singen werden. Es gibt keine Möglichkeit mehr, fromme Lieder zu singen. Die Zeit geht zu Ende. In einem Haus (Gemeindehaus) ist statt der Toilette nur noch der nackte Rohbau. Ich sehe gelblichen Sandstein. Ich pinkele in hohem Bogen in ein Loch im kahlen Fußboden. Zwei Frauen sehen mir aus einiger Entfernung schweigend dabei zu. Unser Leiter sitzt im Eingangsbereich in einem Glaskasten und schreibt viel. Es ist wichtig.

Da purzeln etwa fünf Jungen herbei und setzen sich dem Glaskasten gegenüber in eine Reihe. Der Leiter zögert. Dann unterbricht er seine wichtige Arbeit, um mit den Jungen ein missionarisches Gespräch zu führen. Ich höre nichts von dem Gespräch.

Ich bin draußen vor dem Eingang. Beiläufig beobachte ich die Szene. Ich habe ein schwarzes Kätzchen und streichle es. Ich weiß, dass es das letzte Mal ist.

Dann bekomme ich Wasser. Ich trinke und weiß, das ist das letzte Wasser. Jetzt gibt es keines mehr. Menschen versichern, das Ende dauere nicht so lange und sei nicht so schlimm. Dabei sehe ich vage über eine Landschaft mit gelblicher Wiesenfläche und Herbstbäumen im Hintergrund. Dann erleben wir den letzten Sonnenuntergang. Wir sind über der Stadt auf einer Art Terrasse. Ein farbenprächtiges Lichterspiel ziert den Himmel. Darüber pechschwarze Wolken. In der Dunkelheit leuchten Lichter der Stadt. Ich will noch etwas aufschreiben, aber mein Blatt ist voll und der Stift leer. Ich finde mich ab. In der Dunkelheit sind viele Menschen. Sie sind kaum zu erkennen. Sie reden gedämpft.

Ich denke an das letzte Wasser. Ich bin froh, dass ich das schwarze Kätzchen gestreichelt habe. Mein Gefühl: melancholische Einwilligung in das, was jetzt ist. Dann durchzuckt mich mit furchtbarer Gewissheit: Jetzt kommt Jesus wieder."

In der Traumarbeit ist Corinna bereits durch die bloße Schilderung des Traumes ergriffen. Sie berichtet von dieser Begegnung mit ihrem Traum:

„Wir gehen an den Bildern des Traumes entlang. Leicht zu erkennen ist für mich das schwarze Kätzchen als Symbol meiner Vitalität und Sexualität. Die Traumbilder steigern sich in ihrer Dramatik bis zum letzten Moment: *Jetzt kommt Jesus wieder!*

Hier manifestiert sich die riesengroße heimliche Angst, die mich seit meiner Kindheit bis weit ins Erwachsenenalter hinein begleitet hat: Jesus kommt wieder und entrückt in einem Moment alle seine Gläubigen in den Himmel. Ich bleibe unwürdig und mutterseelenallein zurück; ohne jede Hoffnung, daran noch irgendetwas ändern zu können.

Die Vorstellung einer nahe bevorstehenden Wiederkunft Christi (Parusie) wurde in meiner evangelischen, freikirchlichen Gemeinde oft mit der Mahnung verbunden, sich rechtzeitig vorher für ein Leben mit Christus zu entscheiden und / oder seine Schuld zu bekennen und um Vergebung zu bitten. Dies wurde auch schon den Kindern in der Sonntagschule (Kindergottesdienst) so erzählt. Während bei anderen anscheinend diese religiöse Entscheidung eine ‚Glaubensgewissheit' auslöste und aller Angst ein Ende machte, blieb meine Angst trotz aller religiösen Anstrengungen und Gebete eher meine einzige Gewissheit.

Wenn ich jemanden wider Erwarten nicht oder nicht pünktlich antraf, geriet ich oft in eine stille Panik. Einzige Hilfe war dann, unter einem Vorwand einen Christen anzurufen und mich davon zu überzeugen, dass nicht alle plötzlich verschwunden waren.

Beim Erzählen packen mich Wut und Trauer über den Druck, unter dem ich leben musste, und über die verstellte Möglichkeit einer positiveren, vertrauensvollen Beziehung zu Gott und der Welt.

Die Gestalt des Leiters führt zu den Menschen, die mich religiös beeinflusst haben: Durchweg sind es Männer, die qua Amt und mit großer Autorität Wahrheiten vom Stapel ließen, ohne eine wirkliche Beziehung zu der kleinen Corinna aufzubauen. Stellvertretend für sie alle steht ‚Onkel K.', der Sonntagschulleiter.

Beim Beschreiben fange ich an zu weinen. Ich fühle noch einmal in aller Deutlichkeit die Gewalt, die er mir mit seinen Dogmen, seiner Dummheit und seiner unsensiblen Art als Kind angetan hat. In aller Tragweite für mein ganzes Leben fühle ich mich verbogen, beraubt und missbraucht. Einen heilen, nährenden Glauben konnte ich nicht aufbauen. Die Angst hat alles dominiert. Ständig wurde sie mit religiösem Material gefüttert.

Ich schreie ihn und alle anderen an: Das durftet ihr nicht! Ihr habt im Namen Gottes ein Kind kaputtgemacht, anstatt ihm gute Wege zu eröffnen und ihm den Rücken für seinen Weg zu stärken. Meine Liebesfähigkeit fiel der Angst zum Opfer, und mein Genuss und meine Sexualität eurer verklemmten, verlogenen Moral. Tränen, Wut, Verzweiflung, Trauer ergreifen mich. Ich könnte sie alle erschlagen!"

Traumgegenstand (Gemeindehaus), Traumhandlungen (fromme Lieder singen, ein missionarisches Gespräch führen) und das Thema (Wiederkunft Jesu) weisen den Traum von vorneherein als religiös aus. Hinzu kommt der biografische Anlass, die Begegnung mit der Endlichkeit, die sich in einer Art Vorahnung anmeldet. Sie zeigt sich bereits vor der gynäkologischen Diagnose. Auch die Bedeutsamkeit des Traumes, die die Träumerin sicher erspürt, unterstreicht die religiöse Qualität.

Ihre schmerzlich erlittene und Angst machende fromme Prägung spült sich in der Arbeit mit dem Traum ins Bewusstsein. Noch stärker als das eigene Lebensende bedrängt die Träumerin die Tatsache, dass die Wiederkunft Jesu das Leben begrenzen kann und der Verlust lieber Menschen droht. Die Ungewissheit, am ewigen Heil vielleicht nicht teilzuhaben, sondern in der Hölle zu landen, flößt ihr am meisten Angst ein. Was im evangelischen Glauben als Anlass zur Freude und Hoffnung auf endgültige Vollendung in der ewigen Nähe Gottes gemeint ist, erschreckt und ängstigt sie. Ein Glaube, der Mut und Vertrauen vermitteln sollte, führt sie in die Angst.

Der einzige Moment im Traum, der sie froh macht, ist die Begegnung mit dem Kätzchen, Symbol für Lebendigkeit und Sexualität. Die geistliche Vergewaltigung ihrer kindlichen Seele schreit sie schließlich aus sich heraus.

Was aber bedeutet dieser Traum für Corinna? Was will er ihr sagen? Worauf will Gott durch diesen Traum hinweisen? Indem sich die Träumerin mit ihrem Traum auseinandersetzt, entfaltet sich das eigentliche Thema ihres Traumes: ihre christliche Erziehung. Er macht sie auf den erlittenen geistlichen Missbrauch aufmerksam und eröffnet für die Träumerin die Notwendigkeit, aber auch die Chance, in einem seelsorglichen Prozess diese Altlasten loszuwerden. Sie ist durch den Traum auf diesem schmerzlichen, aber befreienden Weg einen ersten Schritt gegangen.

Gott nahm Corinna durch ihren Traum an die Hand, um sie in diese Freiheit zu führen, die ihr gerade durch jene verwehrt wurde, die sie vermitteln sollten. Corinnas Wut und Hass sind umso verständlicher, wenn man bedenkt, dass die Angeklagten sich für Corinna als fromme Verführer der Angst erweisen.

7.2. Der religiöse Traum als Glaubenserfahrung

Waltraud, 54 Jahre alt, nimmt an einem Traumseminar teil und stellt folgenden Traum vor:

Ich bin in meinem Elternhaus zusammen mit einer männlichen Person und will das Haus verlassen. Während ich die Treppe zum Hausflur hinuntergehe, öffnet sich die Haustür und zwei männliche Personen, die gerade mit einem Auto vorgefahren sind, betreten das Haus.

Die Person, die zusammen mit mir das Haus verlassen will, warnt mich mit den Worten: „Gib acht, die beiden haben nichts Gutes vor!"

Die Person, die zuerst das Haus betreten hat, erschreckt mich, ist mir sehr unheimlich, hat kein Gesicht, nur eine dunkle schwarze Fläche. Die zweite Person dahinter kommt nicht zur Haustür rein, da sie zu groß ist. Sie müsste sich extrem bücken. Ich werde mit starkem Herzklopfen wach, da ich nicht an der unheimlichen Person vorbeikomme.

Zum lebensgeschichtlichen Hintergrund und zur aktuellen Situation, in der die Träumerin ihren Traum erlebt, berichtet sie:

„Meine Mutter (Witwe, 85 Jahre alt) hatte in den Monaten vorher körperlich und geistig sehr stark abgebaut und konnte infolgedessen nicht mehr allein im Elternhaus bleiben. Sie kam – auch in Absprache mit meinen beiden ebenfalls auswärts lebenden Brüdern – in ein Pflegeheim in meinem Heimatort. Von den Verwandten wurde es teilweise sehr negativ beurteilt, dass ich als Tochter meine Mutter nicht zu mir genommen habe. Für mich selbst war dies zunächst auch ein Gewissenskonflikt, zumal meine Mutter mit dem Tod meines jüngeren Bruders nicht fertig geworden war, der unter sehr tragischen Begleitumständen sich einige Jahre vorher suizidierte. Immer wieder quälte mich die Frage, ob ich nicht doch mehr Verantwortung meiner Mutter gegenüber wahrzunehmen hätte."

In dieser Traumarbeit wandte ich psychodramatische Techniken an. Einige Gruppenmitglieder übernahmen die Rolle der menschlichen Traumgestalten. Dann spielten wir die Traumszene nach. Sehr spannend wurde der Moment, als die Träumerin vor der dunklen und unheimlichen Gestalt stand. Sie zögerte, kämpfte innerlich, überwand dann doch ihre Angst und ging schließlich an ihr vorbei. Es blieb allerdings offen, wen oder was diese dunkle Gestalt symbolisierte. Waltraud fiel nichts dazu ein. Für sie war die Arbeit an dem Traum damit vorerst abgeschlossen.

Wie sie die Auseinandersetzung mit ihrem Traum während und nach dem Seminar erlebte, beschreibt die Träumerin mit folgenden Worten:

„Während des Traumseminars erlebte ich es als ein Stück Befreiung, als ich konfrontativ auf diese unheimliche Person zuging und sie fragte, was sie will, warum sie mich nicht vorbeilässt. Zwei Tage später zu Hause kam der Traum wieder, und ich erkannte die unheimliche Person (sie trug jetzt einen schwarzen Umhang) als den Tod. Mir wurde klar: Dieser Traum drückt aus, dass der Tod (der Tod meines Bruders) und die andere große Person (ein Sinnbild für Stolz – in meiner Herkunftsfamilie herrschte ein ausgeprägter Familienstolz) mich hindern wollten, mein Elternhaus in einer gesunden Weise (Ablösung) zu verlassen bzw. loszulassen.

Noch während des Erwachens kam mir der Bibelvers aus 2. Timotheus 1,10 in den Sinn: *Jesus Christus hat dem Tode die Macht genommen und Leben und ein unvergängliches Wesen ans Licht gebracht.*

Diese Klärung des Albtraums brachte mir inneren Frieden über die Situation bezüglich meiner Verantwortung gegenüber meiner Mutter und meiner Herkunftsfamilie."

7.2. Der religiöse Traum als Glaubenserfahrung

Waltraud überwand den familiären Bann, der durch den Suizid des Bruders auf der Familie lastete. Der Traum und die Arbeit daran bildeten den ersten Schritt zur Lösung. Der zweite erfolgte in Verbindung mit dem Bibelwort und wurde zu einer geistlichen Erfahrung. Waltrauds Glaube an die Macht des auferstandenen Christus wirkte bis in die familiären Bindungen hinein befreiend.

7.3. Selbsterfahrung und Gotteserfahrung

Gotteserfahrung und Selbsterfahrung gehören zusammen. Ich möchte behaupten, Gott zu erleben ist gar nicht möglich, ohne sich dabei auch selbst zu erleben. Oft geht die Erfahrung mit mir selbst der Begegnung mit Gott voraus, manchmal auch umgekehrt. Indem ich Gott begegne und ihn erfahre, erlebe ich immer mich selbst und erfahre etwas über mich.

Der verlorene Sohn aus Lukas 15 begegnete zuerst sich selbst (Vers 17), bevor er sich auf den Weg zu seinem Vater machte. Das griechische Wort έρχομαι (*erchomai*), das in älteren Versionen der Lutherbibel mit „*da schlug er in sich*" und in der Ausgabe von 1984 mit „da kam er zur Einsicht" übersetzt wird, ist ein Verb der Bewegung und meint wörtlich: *kommen* bzw. *gehen*. Im Zusammenhang von Lukas 15 bedeutet es meines Erachtens im Sinne von *kommen*, *„zu sich selbst kommen"* oder *„sich selbst begegnen"*. In dieser Selbstbegegnung fällt dem Sohn ein und auf, was zu seinem Selbst gehört, nämlich sein Zuhause, sein Vater. Seine Rolle als Sohn dieses Vaters gehört auch zu seiner Identität, zu ihm als Person. Darauf besinnt er sich und zieht die Konsequenzen aus diesem Blick in seinen „inneren" Spiegel.

Wie die beiden Erlebnisebenen – Gotteserfahrung und Selbsterfahrung – aufeinander zu beziehen sind, möchte ich an einem Beispiel deutlich machen:

Elisabeth, 44 Jahre, steckt in einer Identitätskrise. Auslöser sind die immer häufiger vorkommenden Demütigungen und Kränkungen ihres Mannes. Sehr bald erkennt sie den Zusammenhang zwischen seinem Verhalten und den seelischen und körperlichen Gewalterfahrungen ihrer Kindheit. In das 7. Beratungsgespräch bringt sie folgenden Traum mit, den sie zwei Tage zuvor nach einem Besuch bei ihrer Mutter geträumt hat:

In einem offenen Grab liegt auf bloßer Erde ein Kind auf dem Bauch, blass und kahl, die Hände lose gefesselt. Die Haare sind abrasiert. Die Wände des Grabes sind erstaunlich glatt wie ein Rechteck, die Erde aber ist durchsetzt mit kleinen Steinen.

Wir arbeiten in dieser Sitzung mit diesem Traum. Nur sehr zögerlich kann sich Elisabeth mit der Person im Grab identifizieren. Schließlich wird ihr klar, dass sie es selbst ist, die da im Grab liegt, und das schon seit sehr langer Zeit. Ihre Lebendigkeit, ihre Gefühle sind schon seit Kindestagen abgestorben. Sie fühlt allmählich, was sie schon lange mehr ahnte als wusste: Man hat mich lebendig begraben.

Der lebendig begrabene Mensch im Traum wird zum Sinnbild ihrer Kinder- und Jugendjahre. Der Traum hilft ihr, diesen Teil ihrer Geschichte mit den dazugehörenden Gefühlen wahrzunehmen. Sie erfährt etwas sehr Wichtiges und auch Schmerzliches über sich selbst: die erlittene Ablehnung durch ihre Mutter. Dieses Erleben nenne ich Selbsterfahrung: Ich spüre, nehme wahr, was und wie ich bin. Ich erkenne, was zu mir gehört und was mit mir passiert.

Im Nachklang zu dieser Sitzung berichtete Elisabeth, dass ihr ein Wort aus der Bibel wichtig geworden sei. Es lautet: „Du hast mich hinunter in die Grube gelegt…" (Psalm 88,7). Es habe sie getröstet. Es sei ihr klar geworden, dass Gott auch diesen Teil ihrer Lebensgeschichte kenne. Das ist ihre Gotteserfahrung mit diesem Traum: Gott spricht mit mir und tröstet mich.

Oft enthalten Träume des Klienten und des Therapeuten, die im Rahmen einer Beratung auftauchen, Bezüge zum Beratungsprozess.

Dabei kann es um die Rollen gehen, in der beide zueinander stehen, den Umgang miteinander, die aufkommenden Themen der Beratung oder den Beratungsprozess als solchen.

Zu Elisabeths Traum fiel mir spontan die österliche Auferstehungshoffnung ein. Ich ahnte, was der bevorstehende seelsorgliche Prozess für Elisabeth bedeuten könnte, und hoffte, dass sie ihre Lebendigkeit wieder entdecken und damit so etwas wie eine „innere Auferstehung ins Leben" erfahren könnte. Die Hoffnung erfüllte sich. Elisabeth kam in Kontakt mit ihrer verdrängten und „abgestorbenen" Emotionalität. Schließlich entwickelte sie so viel Kraft, aus der seelischen Abhängigkeit zu ihrem Mann auszusteigen und den Wunschtraum zu begraben, er könnte sie von den Leiden ihres Lebens erlösen. Sie stellte sich auf die eigenen Füße und grenzte sich von ihrem Partner ab. Sie lernte, sich zu schützen und zu wehren. Sie nahm ihr Leben selbst in die Hand.

Elisabeth berichtet im Nachhinein: „Ein späterer Traum führte mich noch einmal in das Grab. Ich *saß* aber in einer Ecke und hielt ein Kind auf meinem Schoß – es hatte wunderbare, volle Haare. Das Herausragendeste in der Beratung war, dass ich mein inneres Kind annehmen und immer wieder neu entdecken durfte."

In ihrer Wandlung sehe ich Gottes heilendes Handeln. Es wurde für mich wieder einmal mehr deutlich, wie er in der Seelsorge das Leben von Menschen fördert.

Indem persönliches Erleben mit biblischer Botschaft oder Texten der Bibel interpretiert wird, erweitert sich Selbsterfahrung zu Gotteserfahrung. Wenn ich offen bin für das, was in mir ist, und auch für Gottes Handeln, verbinden sich die beiden Erfahrungsweisen miteinander. Offenheit in beide Richtungen ist wichtig. Offen sein heißt, die Bilder der Seele mit Interesse anzuschauen und neugierig wahrzunehmen, wer ich bin.

Dazu gehört die Bereitschaft, das Wahrgenommene auszuhalten. Heiles und Unheilvolles meiner Lebensgeschichte, das sich in Seele und Körper eingegraben hat, will zunächst einmal von mir selbst beachtet werden. Bei diesem Blick in den inneren Spiegel zu glauben und zu spüren, dass da noch jemand ist – Gott –, der vor allem sehr liebevoll hinschaut, öffnet für die Begegnung mit ihm. Selbsterfahrung kann zur Gotteserfahrung werden, indem ich mich aus dem Kontakt zu mir selbst heraus für Gott öffne.

Offenheit ist deshalb der Schlüssel zur Begegnung mit mir selbst und mit Gott. Wer nur für Gott offen sein möchte, aber sich selbst gegenüber verschlossen bleibt, der schränkt die Wege ein, auf denen Gott ihm begegnen möchte. Wer sich aber öffnet, erlebt die Fülle des Lebens, die auf ihn wartet (Johannes 10,10).

8. Träumen Sie nach Freud, Adler, Jung, Boss oder Perls?

> Die Traumdeutung ist der Königsweg zur
> Kenntnis des Unbewussten im Seelenleben.
> *Sigmund Freud*

Verschiedene psychologische Schulen und therapeutische Verfahren haben je ihr eigenes Verständnis des Traumes und seiner Deutungsmethode hervorgebracht. Der jeweilige Begründer einer psychotherapeutischen Richtung hat einen für sein Verfahren typischen Umgang mit dem Traum geprägt.

Man kann bei den verschiedenen Richtungen manche Gemeinsamkeiten im Umgang mit Träumen finden. Ich möchte hier die Unterschiede markieren, damit das je eigene Profil im Blick auf das Traumverständnis und die Arbeit mit Träumen erkennbar wird. Dabei beschränke ich mich auf fünf ausgewählte Verfahren: Psychoanalyse, Individualpsychologie, Analytische Psychologie, Existenzanalyse und Gestalttherapie.

8.1. Psychoanalyse nach Sigmund Freud: Alles Sexualität?!

Die älteste und damit längste Tradition der modernen professionellen Beschäftigung mit dem Traum hat die Psychoanalyse. Ihr Begründer *Sigmund Freud* (1856–1939) stellte als Psychiater bei seinen Patienten fest, dass sich das seelisch kranke (neurotische, psychotische) Verhalten in ihren Träumen noch gravierender und deutlicher zeigte als in deren Alltag.

Er blickte durch die Brille des Arztes auf den Traum und nahm ihn deshalb vorwiegend in seinen Bezügen zur seelischen Krankheit wahr. Sowohl bei der Diagnose seelischer Störungen als auch beim (psychotherapeutischen) Heilungsprozess schrieb er dem Traum eine zentrale Rolle zu.

Für *Freud* übernimmt der Traum eine erste und wichtige Aufgabe, indem er für einen störungsfreien Schlaf sorgt. Er ging davon aus, dass seelische Energien aus dem Unbewussten ins Bewusstsein drängen, um sich in Körperbewegungen und Handlungen auszudrücken. Nicht nur im Wachzustand, sondern auch im Schlaf tauchen unverarbeitete Sinneseindrücke als Energiereste aus dem Unbewussten auf und wollen sich, wie gewohnt, in bewusste Handlungen umsetzen. Geschähe dies, wachte der Schlafende auf, und sein Wunsch nach Schlaf bliebe unerfüllt, ja direkt gestört.

Damit dies nicht geschieht, fängt der Traum diese Energie ab und gestaltet daraus die Traumbilder. Der Traum wacht als „Hüter des Schlafs" im Vorbewussten, einem Zwischenreich zwischen den triebhaften Teilen des Unbewussten und dem Bewusstsein. In seiner Aufgabe als Wächter an der Schwelle des Bewusstseins wandelt der Traum vor allem verbotene Triebwünsche in Symbole um. Besonders peinliche und mit Scham besetzte Wünsche zeigt der Traum nur verschlüsselt, damit der Schlafende wegen solch unsittlicher Regungen nicht aufwacht. Hauptsächlich sexuelle Wünsche und Triebregungen waren in der damaligen Gesellschaft besonders verpönt und unzulässig. Sie wurden deshalb unterdrückt.

Freud nimmt nun weiterhin an, dass es bei der Bildung der Traumsymbole zu sogenannten Verschiebungen, Verdichtungen, Umkehrungen und zur Umwertung aller psychischen Werte kommt. Ein Symbol steht eigentlich nicht für das, was es zu sein scheint, sondern für etwas ganz anderes, ja zuweilen Gegenteiliges. Das Traumsymbol kann sogar den Träumer täuschen und ihn in die Irre führen, sodass er nicht mehr weiß, woran er ist.

Diese Überlegung führte dazu, den Traum in einen sogenannten *manifesten* (offenkundigen) Trauminhalt und einen *latenten* (verborgenen) Trauminhalt zu unterteilen, wobei *Freud* annimmt, dass der *latente* Trauminhalt das eigentliche Traumthema markiert. Das eigentliche Traumthema zeigt sich eben nicht direkt, sondern verbirgt sich in den Traumsymbolen. Um die Winkelzüge und Tücken des Traumes zu durchschauen, bedarf es eines kundigen Seelenführers. Wer „nach Freud" träumt, bleibt auf den Fachmann angewiesen.

Psychoanalytische Traumarbeit bemüht sich, den latenten Trauminhalt zu entschlüsseln, um die verborgenen Wünsche bewusst zu machen. Erst der Traum macht die unbewussten Wünsche für den Träumer zugänglich, sodass er mit ihnen bewusst umgehen kann.

Der Traum erfüllt seine zweite Aufgabe, indem er den Therapeuten bei der Heilung des Patienten unterstützt. Dabei offenbaren die einzelnen Traumgestalten meist die unterdrückten sexuellen Wünsche des Träumers und der Träumerin.

Traumgestalten, die irgendwie eine längliche Grundform haben, wie z. B. Türme, Messer, Pfähle, Bleistifte usw., werden mit sexuellen Wünschen der Träumerin in Verbindung gebracht, da sie der Form nach Ähnlichkeiten mit dem männlichen Sexualorgan aufweisen (Phallussymbole).

Mit allen runden, hohlen, bergenden und aufnehmenden Gegenständen (Töpfe, Kannen, Schalen, Blüten etc.) werden die sexuellen Wünsche des Träumers verknüpft, da solche Traumgestalten nach Form und Funktion eher etwas mit dem weiblichen Genital gemeinsam haben (Vaginasymbole).

Alle Vorwärts-rückwärts- bzw. Rauf-runter-Bewegungen im Traum – vor allem wenn sie rhythmischer Natur sind – werden als Wunsch nach Geschlechtsverkehr gewertet. Die psychoanalytische Traumdeutung versucht auf diese Weise, unbewusste, meist sexuelle Motive aufzuspüren.

Freud praktizierte im ausgehenden 19. und beginnenden 20. Jahrhundert in Wien. Der Geist jener Zeit war sicher ein anderer als der unserer. Heute wird kaum noch ein Konsumprodukt ohne erotische

Werbung verkauft. Sexualität ist anders als zu *Freuds* Zeiten kein Tabu mehr. Ich schließe nicht aus, dass auch heute Menschen in einem sexualfeindlichen Familienmilieu aufwachsen, wie das vor über hundert Jahren die Regel war. Möglicherweise ist es dann angebracht, auf diese Art der Traumdeutung zurückzugreifen.

Neben der Unterscheidung zwischen latentem und manifestem Trauminhalt gibt es noch einen weiteren Aspekt, der für die psychoanalytische Traumdeutung kennzeichnend ist, die sogenannte freie Assoziation. Darunter sind spontane Einfälle zu dem Traum, seinem Thema und seinen einzelnen Traumgestalten zu verstehen. Es sind sowohl die Assoziationen des Träumers selbst als auch die des Therapeuten, der aufgrund seiner Einfälle dem Traum seine Bedeutung zuschreibt, mit der sich der Patient auseinandersetzen soll.

Dem Therapeuten steht dabei ein ausführliches Repertoire an Symboldeutungen zur Verfügung, auf das er zurückgreifen kann. Nimmt der Träumer die Deutung nicht an, d. h. reagiert er mit Widerstand, dann hat er gerade durch seinen Widerspruch diese Deutung, aus Sicht des Therapeuten, bestätigt. An dieser Stelle wird deutlich, dass der Träumer dem deutenden Fachmann in gewisser Weise ausgeliefert ist. Aber nicht nur das: Es entsteht auch eine Abhängigkeit zu dem Experten, wenn der Träumende die „richtige" Deutung seines Traums erfahren möchte und verstehen will.

Die einseitige Sexualisierung des Traumes führte zu heftiger Kritik an *Freuds* Traumdeutung. Der in dem erwähnten Zusammenhang praktizierte Umgang mit dem Widerstand des Patienten ist meines Erachtens ebenfalls sehr fragwürdig.

8.2. Individualpsychologie nach Alfred Adler: Was ist das Ziel?

Alfred Adler (1870–1937), ein Schüler Freuds, trennte sich 1911 von seinem Lehrer. Anlass für die Trennung wurde seine Kritik an dem zunehmend dogmatischen Umgang mit der Sexualisierung der Psychoanalyse.

Für *Adler* sind die Handlungen des Menschen weniger mit Ereignissen der Vergangenheit verknüpft, sondern damit, zukünftige Ziele zu erreichen. Dabei stehen das Streben nach Macht, die Überwindung des Minderwertigkeitsgefühls und die Bewältigung von Lebensaufgaben im Vordergrund. Macht hat für *Adler* wesentlich eine soziale Dimension. Sie berührt die Gemeinschaft des Menschen. Diesem Phänomen trägt die Individualpsychologie mit dem Begriff des „Gemeinschaftsgefühls" Rechnung. Die Mischung dieser drei grundsätzlichen Lebensabsichten ist individuell geprägt und wird in der Individualpsychologie als der persönliche Lebensstil bezeichnet.

Im Traum ist der Lebensstil des Träumers auf einer Art „Probebühne" erkennbar. Schon im Traum zeichnet sich ab, auf welche Weise und mit welchen Mitteln der Träumer in seinem Alltag seine Ziele verfolgen wird. „Der Traum ist demnach, wie der Charakter, das Fühlen, der Affekt, das nervöse Symptom durch die Endabsichten des Träumers arrangiert."[53] Und noch etwas deutlicher formuliert: „Im Traum erfolgt die Darstellung aller Durchgangspunkte des Vorausdenkens nach einem vorher bestimmten Ziele des Lebensstils mit den Mitteln der persönlichen Erfahrung unter Anwendung eines trügerischen Gleichnisses."[54]

Somit wird für *Adler* der Traum zu einem bildhaften Kommentar zur aktuellen Lebenssituation des Träumers. Der Traum steuert für ihn selbst und den Therapeuten hilfreiche Einsichten bei, um den Lebensstil zu erkennen. Darum lauten die beiden klassischen Fragen der individualpsychologischen Traumbehandlung wie folgt:

- ▸ In welcher Weise lässt der Traum den Lebensstil des Träumenden erkennen? Was sind seine Lebensziele und Absichten?
- ▸ Was sagt der Traum über das Verhältnis des Träumers zur Gemeinschaft?

Die Antworten dienen nun der Motivation, die wahrgenommenen unbewussten Lebensabsichten gezielter zu verfolgen. So klärt und verstärkt der Traum den Lebensstil des Träumers.

Im Umgang mit Traumsymbolen wendet *Adler* eine sehr einfache Methode an. Die Traumgegenstände werden sprachlich im übertragenen Sinne verstanden. So werden Träume, in denen jemand noch oben geht (Leiter, Treppe, Bergsteigen etc.), als Aufstieg im Sinne des Lebensplans als Karriere gedeutet. Fallträume z. B. zeigen an, dass jemand dabei ist, seinen sozialen Abstieg bzw. einen Rangverlust vorzubereiten.

Die Arbeit mit Träumen spielt in dem individualpsychologischen Verfahren eher eine Nebenrolle. Ganz anders dagegen verhält es sich mit der Bedeutung, die dem Traum in der Analytischen Psychologie zukommt.

8.3. Analytische Psychologie nach Carl Gustav Jung: Der Traum kennt den Weg!

Den umfassendsten und differenziertesten Beitrag zum Umgang mit Träumen hat zweifellos *C. G. Jung* (1875–1961) geliefert, ebenfalls Psychiater und Schüler Freuds. *Jung* fiel auf, dass nicht nur seelisch kranke Menschen träumen, sondern ebenso häufig auch die gesunden. Folglich müsste der Traum einen von seelischen Störungen unabhängigen Sinn haben, der ebenso wichtig zu nehmen ist.

Unter dieser Prämisse entwickelte *Jung* mehrere grundlegende Konzepte, die für die Bedeutung des Traumes in der Analytischen Psychologie maßgebend wurden. Da ist zum einen die Unterscheidung zwischen dem sogenannten kollektiven Unbewussten und dem persönlichen Unbewussten; dann der Begriff des Archetypus, die Gegenüberstellung von Animus und Anima sowie die Vorstellung von der Persona und ihrem Schatten; schließlich die Betrachtung des Traumes auf der sogenannte Subjekt- und Objektstufe. Ich möchte die einzelnen Konzepte der Reihe nach erläutern.

1. Hinter dem Begriff vom *kollektiven Unbewussten* steht folgende Beobachtung: Es gibt menschliche Erlebnisweisen, Phänomene und Urimpulse, Instinkte, die einen derart allgemeinen Charakter aufweisen, dass sie in allen Kulturen der Menschheitsgeschichte zu beobachten sind. Es handelt sich um etwas, dass allen Menschen gemein ist und als solches über den einzelnen Menschen hinausweist.

In den Träumen seiner Patienten begegneten *Jung* Bilder und Vorstellungen, die sich tief in das Bewusstsein der Träumer eingruben. Es schien ihm, dass die Trauminhalte und -themen den Träumer irgendwie fesselten. Die emotionale Kraft, die von solchen Träumen ausgeht, hat für *Jung* die gleiche Bedeutung wie die Ergriffenheit etwa bei einem sogenannten christlichen Bekehrungserlebnis oder einer anderen religiösen Erfahrung. Diese Beobachtung legte für *Jung* den Schluss nahe, dass es noch tiefere Schichten der menschlichen Seele geben muss, die über das Unbewusste eines Menschen hinausgehen und solche Träume hervorzubringen vermögen. Diese tiefe Schicht, die sich noch unterhalb des persönlichen Unbewussten befinden muss, nannte *Jung* das kollektive Unbewusste.

In der analytisch-psychologischen Traumdeutung stellt sich die Aufgabe, zu entscheiden, ob ein Traum dem kollektiven Unbewussten oder nur dem persönlichen Unbewussten entstammt. Das kollektive Unbewusste ist kein konturloses Etwas, sondern zeigt sich in unterschiedlichen „Gesichtern", den sogenannten Urinstinkten und Archetypen. Die Archetypen begegnen uns literarisch in den Mythen und Märchen der Völker.

2. *Jung* beobachtete nämlich, dass in Mythen, Märchen, Träumen und Fantasien immer wieder die gleichen Handlungsmuster

und Rollen auftauchten. Daraus schloss er, dass es formale Strukturen (Rollenmuster) gibt, die einen überindividuellen Charakter haben und so etwas wie einem kollektiven Unbewussten zuzuordnen sind. Für die Rollenmuster erfand er den Begriff „*Archetypus*" (*griech. archä* = Anfang, Ursprung). Es handelt sich dabei um Urbilder der Seele, die nach seinem Verständnis eine Orientierung für die Persönlichkeitsentwicklung liefern.

Die Rolle des Helden beispielsweise ist solch ein Archetypus. In den Sagen der Griechen, in den religiösen Mythen der Weltreligionen, in antiken und modernen Dramen, in Familiensystemen und in alltäglichen Szenen kann man beispielsweise der Figur des Retters begegnen. Wer kennt nicht den Filmhelden James Bond, der in jeder Folge den Retter vor der Katastrophe, dem Weltkrieg spielt oder die Zivilisation vor dem Untergang rettet?

Die menschliche Seele ist dafür offen, sich mit dem archetypischen Handlungsmuster zu identifizieren und es in das eigene Rollenverhalten zu übernehmen. Sie scheint innerlich dazu disponiert zu sein. Als klassische Archetypen gelten fernerhin der Alte Weise, die Große Mutter und auch Gott.

Wo immer nun im Traum eines Menschen solche Urbilder auftauchen, handelt es sich um einen archetypischen Traum, der einen wichtigen Beitrag zur Entwicklung der Persönlichkeit beitragen will. Der Traum hat damit einen eindeutig Richtung weisenden Sinn. Vielfach werden solche Träume auch „Individuationsträume" genannt.

Jung machte in seiner Arbeit mit Träumen darauf aufmerksam, dass für die Bedeutung eines Traumes ein Bezug zu den Kulturgütern der Menschheit hilfreich sein kann. Diese Bezugnahme nannte er Amplifikation. Die Assoziationen des Träumers zu seinem Traum werden in bestimmte Richtungen gelenkt, um nach Parallelen in der menschlichen Symbol- und Geistesgeschichte zu suchen. Die klassische Frage hierzu lautet: Was fällt Ihnen zu Ihrem Traum aus der Literatur, aus Theaterstücken, aus Märchen, aus der Bibel, der

Kunst usw. ein? Diese Bezüge werfen ein zusätzlich erhellendes Licht auf den Traum und tragen zu einem tieferen Verständnis bei. Der Traum, sein Inhalt und sein Thema werden mit vorhandenem Wissen aus den Archiven des Bewusstseins verbunden.

3. Mit *Animus* bezeichnet *Jung* den männlichen Persönlichkeitsanteil der weiblichen Seele, mit *Anima* die weibliche Seite der Seele des Mannes. *Jung* begründete dieses Konzept mit der humangenetischen Feststellung, dass die Gene des Menschen doppelgeschlechtlich angelegt sind. Von den 24 Chromosomenpaaren stammt jeweils die eine Hälfte vom Vater und die andere von der Mutter.

Diese biologische Tatsache wird auf eine andere Weise durch die Erziehung sozial verstärkt. Der heranwachsende Junge übernimmt unbewusst Einstellungen und Verhaltensweisen von seiner Mutter, das Mädchen identifiziert sich auch mit dem Vater und übernimmt etwas von seinen Wesenszügen in das eigene Verhaltensrepertoire. Mutter und Vater werden zu inneren Repräsentanten. Es geht also jeweils um den gegengeschlechtlichen Elternteil, der andererseits durch Erziehung und Sozialisation eingedämmt wird. In den Träumen aber macht er sich wieder bemerkbar.

Wenn in den Träumen eines Mannes nun Bilder, Verhaltensweisen und Traumgestalten auftauchen, die von ihm selbst oder seinem analytischen Therapeuten als typisch weiblich empfunden werden, so werden diese Trauminhalte seiner Anima zugeordnet. Inhaltlich ist seine Anima weiblich-mütterlich bestimmt.

Da diese gegengeschlechtlichen Anteile durch die Erziehung häufig unterdrückt wurden, soll der Träumer sich nun mit ihnen auseinandersetzen, um sie in seinen bewussten Lebensvollzug zu übernehmen. Desgleichen zeigt sich der Träumerin ihr verdrängter männlich-väterlicher Wesenszug, den sie ebenfalls annehmen und leben sollte.

Als „animatisch" gelten die Traumsymbole Brunnen, Garten, Schloss, Stadt, Reh, Katze, kleines Mädchen, Prostituierte, junge Frau usw. Die Traumsymbole Burg, Festung, Löwe, Tiger, Abenteurer, Offizier, junger Mann, Polizist, Professor usw. werden dem Animus zugeordnet.

4. Im Blick auf das Menschenbild unterscheidet *Jung* zwischen der sogenannten *Persona* und dem *Schatten*. Die Seite unseres Wesens, die wir nach außen zeigen, nennt *Jung* die Persona. Es ist die gesellschaftsfähige „Fassade" unserer Persönlichkeit – die Schokoladenseite, wie wir sie salopp nennen. Der Schatten ist genau das Gegenteil und beschreibt die oft ungeliebte Seite unseres Wesens, die wir vor uns selbst und anderen gerne verstecken.

Der Schatten wie auch die Persona sind ein Produkt des Erziehungsprozesses. Vor allem in unseren Kindertagen trafen unsere Wünsche und Impulse nicht immer auf elterliche Gegenliebe, sondern auch auf Verbote und Regeln. Später sind es die Regeln und Normen, die die Gesellschaft aufstellt. Sie bestimmen den alltäglichen zwischenmenschlichen Umgang. Elterliche Gebote und Verbote als Kind nicht zu beachten, zieht meist Strafen und Sanktionen nach sich. Die Strafe sorgt dafür, dass der kindliche Impuls an seiner Verwirklichung gehindert wird. Das so bestrafte Kind lässt ihn in Zukunft nicht mehr zu. Es wehrt ihn ab und verdrängt ihn ins Unbewusste. Dort in der Verdrängung führt er nun ein Schattendasein. Die Summe der Verdrängungen bilden die Schattenseiten der Persona. Sie zeigen sich vor allem in Träumen.

5. In der Traumdeutung unterscheidet *Jung* zwischen der sogenannten *Subjekt-* und *Objektstufe*. Danach kann man denselben Traum aus zwei Perspektiven betrachten. Auf der Objektstufe bilden die Traumsymbole einen Bezug zu Gegenständen außerhalb des Träumers, auf der Subjektstufe sind die Traumgestalten Repräsentanten von Persönlichkeitsanteilen des Träumers selbst. Wir befinden uns bei der zweiten Betrachtungsweise auf innerseelischem Terrain.

Beispiel: Traum eines 35-jährigen Buchhalters:
Ich sitze am Schreibtisch und bearbeite Akten. Dann suche ich eine bestimmte Akte und kann sie nirgends finden. Das ärgert mich, denn

um weiterzukommen, muss ich sie haben. *Nach einer Weile des Suchens entdecke ich sie unter dem Container meines Schreibtisches.*

Objektstufe: Es gab tatsächlich an diesem Arbeitstag eine Akte, die der Buchhalter vergeblich suchte. Im Traum begegnet ihm der Ort, an dem er sie findet. Ihm fällt zu dem Traum ein, dass er an dieser Stelle noch nicht nachgeschaut hatte.

Subjektstufe: Dem Träumer fehlt etwas. Er hat etwas von sich, eine Seite an ihm vielleicht „unter den Tisch fallen" lassen. Die Frage wäre nun: Was ist ihm abhanden gekommen? Wofür steht die Akte? Welche Aufgabe, die sich ihm stellt, hat er fallen lassen oder gar verdrängt? Dem Träumer fällt dazu ein, dass er schon lange den Wunsch hegte, einmal einen Krimi zu schreiben. Ihm wird klar, dass er es nun versuchen sollte. Der Traum mahnt ihn anzufangen.

Für *C. G. Jung* besteht die Seele aus mehreren Schichten, in denen sich die Entwicklungsgeschichte der menschlichen Kultur wiederfinden lässt. Auf der Talsohle begegnet man schließlich dem Tier in uns, der animalischen Seite. Diese Erkenntnis hängt stark mit seinem Traum zusammen, den er während der gemeinsam USA-Reise mit *Sigmund Freud* im Jahr 1909 hatte.

Ich war in einem mir unbekannten Hause, das zwei Stockwerke hatte. Es war „mein Haus". Ich befand mich im oberen Stock. Dort war eine Art Wohnzimmer, in welchem schöne Möbel im Rokokostil standen. An den Wänden hingen kostbare Bilder. Ich wunderte mich, dass dies mein Haus sein sollte, und dachte: nicht übel! Aber da fiel mir ein, dass ich noch gar nicht wisse, wie es im unteren Stock aussähe. Ich ging die Treppe hinunter und gelangte in das Erdgeschoss. Dort war alles viel älter, und ich sah, dass dieser Teil des Hauses etwa aus dem 15. oder 16. Jahrhundert stammte. Die Einrichtung war mittelalterlich, und die Fußböden bestanden aus rotem Backstein. Alles war dunkel. Ich ging von einem Raum in den anderen und dachte: Jetzt muss ich das Haus doch ganz explorieren (erkunden)!

Ich kam an eine schwere Tür, die ich öffnete. Dahinter entdeckte ich eine steinerne Treppe, die in den Keller führte. Ich stieg hinunter und befand mich in einem schön gewölbten, sehr altertümlichen Raum. Ich untersuchte die Wände und entdeckte, dass sich zwischen den gewöhnlichen Mauersteinen Lagen von Backsteinen befanden; der Mörtel enthielt Backsteinsplitter. Daran erkannte ich, dass die Mauern aus römischer Zeit stammten. Mein Interesse war nun aufs Höchste gestiegen. Ich untersuchte auch den Fußboden, der aus Steinplatten bestand. In einer von ihnen entdeckte ich einen Ring. Als ich daran zog, hob sich die Steinplatte, und wiederum fand sich dort eine Treppe. Es waren schmale Steinstufen, die in die Tiefe führten. Ich stieg hinunter und kam in eine niedrige Felshöhle. Dicker Staub lag am Boden, und darin lagen Knochen und zerbrochene Gefäße wie Überreste einer primitiven Kultur. Ich entdeckte zwei offenbar sehr alte und halb zerfallene Menschenschädel. – Dann erwachte ich.[55]

Dazu *Jungs* eigene deutende Anmerkungen:
„Es war mir deutlich, dass das Haus eine Art Bild der Psyche darstellte, d. h. meiner damaligen Bewusstseinslage mit bis dahin unbewussten Ergänzungen. Das Bewusstsein war durch den Wohnraum charakterisiert. Er hatte eine bewohnte Atmosphäre, trotz des altertümlichen Stils. Im Erdgeschoss begann bereits das Unbewusste. Je tiefer ich kam, desto fremder und dunkler wurde es. In der Höhle entdeckte ich Überreste einer primitiven Kultur, d. h. die Welt des primitiven Menschen in mir, welche vom Bewusstsein kaum mehr erreicht oder erhellt werden kann. Die primitive Seele des Menschen grenzt an das Leben der Tierseele, wie auch die Höhlen der Urzeit meist von Tieren bewohnt wurden, bevor die Menschen sie für sich in Anspruch nahmen."[56]

Die Jungsche Traumanalyse klärt, aus welcher seelischen Quelle der jeweilige Traum stammt; ob er aus dem kollektiven Unbewussten, dem persönlichen Unbewussten, der Anima bzw. dem Animus oder dem Schatten der Persona herrührt. Dieses Deutungssystem ist kompliziert, und es bedarf eines Experten, der es auf den konkreten Traum anzuwenden versteht. Man muss mit den Traumsymbolen und ihren Bedeutungen vertraut sein, will man einen Traum nach *Jungs* Muster richtig deuten. Eine laienhafte Bemühung ist da kaum Erfolg versprechend. Die Gefahr bei diesem Verfahren liegt allerdings darin, dass ein objektiver Deutungssinn den subjektiven Sinn verdrängt und so der Träumer durch den Therapeuten und sein System fremdbestimmt wird.

8.4. Existenzanalyse nach Medard Boss: Wem begegne ich?

Einen völlig anderen Zugang zum Träumen hat die Existenzanalyse hervorgebracht. Die Unterschiede zur herkömmlichen analytischen Traumbetrachtung sind gravierend, sodass einige Anmerkungen vorweg angebracht sind. Die Psychologien analytischer Prägung (Freud, Jung, Adler) gingen davon aus, dass man Wirklichkeit wie ein Objekt, einen Gegenstand betrachten, analysieren und bewerten kann.

Die Existenzanalyse möchte die Phänomene (Erscheinungen) so verstehen, wie sie sich unmittelbar zeigen, d. h. sie ohne vorgefasste Überzeugungen und Theorien, die als Brille fungieren, betrachten. Ihre Vertreter gehen davon aus, dass der Sinn einer Erscheinung bereits in ihr selbst liegt und ihr nicht erst durch Deutungsversuche „von außen" beigelegt werden muss. Um dem innewohnenden Sinn auf die Spur zu kommen, wird gefragt: Als *was* zeigt sich die betreffende Gegebenheit? *Was* ist ihre Grundstruktur?

Ein Vergleich mag die unterschiedlichen Sichtweisen deutlich machen. Eine Theorie gleicht einem Aussichtsturm, von dem aus man in eine Landschaft schauen kann (Theorie kommt von dem griech. Wort *theoreo* = anschauen, betrachten, sehen, schauen). Aus einem bestimmten Blickwinkel nehme ich die Landschaft wahr und mache mir ein Bild von ihr. Dabei stelle ich Bezüge zwischen den einzelnen Elementen der Landschaft her.

Ich betrachte sie mehr fotografisch als ein Objekt. Etwas ganz anderes allerdings geschieht, wenn ich nun die Aussichtsplattform verlasse und mich auf den Weg begebe, diese Gegend zu erkunden.

Indem ich mich in ihr bewege, ihre Höhen und Tiefen, ihre Gegebenheiten, ihr Licht- und Schattenspiel immer wieder aus anderem Blickwinkel in mich aufnehme, *erfahre* ich die Landschaft. Sie wird zu einer Erfahrung.

Übertragen auf die Begegnung mit Träumen bedeutet dies, einen Traum auf sich wirken zu lassen, ihn von seiner eigenen Gestalt her zu verstehen und ihn als eine Erfahrung zu nehmen, statt ihn einer Theorie mit objektiven Kriterien zu unterwerfen. Es geht darum zu erfahren, als *was* sich der Traum und sein Inhalt zeigt. Der Traum bekommt den Charakter eines Subjekts, das in eine Beziehung zum Träumer tritt. Der Traum spricht den Träumer an, „ruft ihn an", ja will dem Träumer begegnen, einen Appell an ihn richten, ihn herausfordern.

Der Schweizer Psychiater *Medard Boss* (1903–1990), Schüler von Freud, Jung und dem Existential-Psychologen Ludwig Binswanger, entwickelte ein entsprechendes Modell für die Auslegung des Traumes. Den stärksten Einfluss auf sein Traumverständnis übte der deutsche Existenzphilosoph *Martin Heidegger* aus. *Boss* kommt zu der Erkenntnis, dass sich im Traum zeigt, wie der Träumer sein Dasein erlebt. Im Traum zeigt sich, wie der Träumer sein In-der-Welt-Sein versteht. Der Traum macht offenbar, wie der Träumer seinen Bezug zur Welt, d. h. seine Beziehungen zu anderen Menschen und zur Mitwelt sowie den Sinn seiner Existenz, wahrnimmt und lebt. *Boss* betont, dass es zwischen Alltagswelt und Traumwelt unverkennbare Ähnlichkeiten gibt, da es derselbe Mensch ist, der träumt und der wacht.

Der Traum spiegelt dem Träumer etwas von ihm selbst wider, damit der Träumer sich selbst erkennt. In einer schonungslosen

Brisanz erkennt der Träumer (wenn er sich darauf einlässt), wie er im Augenblick sein Leben versteht und gestaltet. Diese Erkenntnis hilft ihm zu einem heilvolleren Umgang mit sich selbst, seinem Leben und den Menschen, die dazugehören.

Existenzanalytische Traumarbeit gewinnt den Charakter einer Meditation. Ich lasse mich auf den Traum meditativ ein, sinne über seinen Inhalt nach und lasse die Gestalten, die Atmosphäre des Traumes, seinen Handlungsablauf auf mich wirken. Mit einem eigenen Beispiel für die Wirksamkeit existenzanalytischer Traumbegegnung schließe ich die Beschreibung der existenzanalytischen Traumbegegnung ab.

Ich erlebte mich einst über Wochen hin deprimiert. Der Schwung war weg. Alles fiel mir schwer. Meine beruflichen Ziele hatte ich nun erreicht. Neue waren noch nicht in Sicht. Ich fühlte mich wie gelähmt, lustlos. Ich merkte, dass es so nicht weitergehen kann. Irgendwie musste ich klären, was mit mir los ist. In dieser Zeit träumte ich folgenden Traum:

Ich bin für drei Monate wegen Misshandlung in Untersuchungshaft. Eine Aufseherin herrscht mich an und gibt mir Befehle. Später laufe ich durch die Gänge in dem Gebäude; es gibt kein Entrinnen. Ich sehe in die Zimmer. In einem Mehrbettzimmer erkenne ich auf einem Bett vertraute Bettwäsche.

Es ist ein gemischtes Gefängnis, also für Frauen und Männer. Ich bekomme übermorgen einen Freigang, und eine Frau lädt mich ein, diese Zeit mit ihr zu verbringen. Da fällt mir ein, dass schon übermorgen der Termin für den zugesagten Vortrag fällig ist. Ich will den freien Nachmittag doch lieber für die Vorbereitung nutzen. Später sehe ich, dass die Frau, die mich eingeladen hatte, das Gefängnis verlässt, um sich einen schönen Urlaubstag (Freigang) zu machen.

Die ganze Zeit über habe ich große Angst und Panik, weil ich durch die Straftat und den Aufenthalt im Gefängnis mein Leben verwirkt habe. Ich werde meinen Beruf nicht mehr ausüben können.

Ich werde gefangen sein. Das Leben macht keinen Sinn mehr. Ich wache auf!

Als ich diesen Traum auf mich wirken ließ, ihn meditierte, fiel es mir wie Schuppen von den Augen: Das genau ist meine momentane Lebenssituation. Der Traum als Ganzes, sein Thema machte mir klar, wie gefangen ich in meinen Alltagspflichten bin. Da erkannte ich, was ich mit mir angerichtet hatte. Mir wurde bewusst, dass mein Lebensstil aus zu viel Arbeit und Pflicht besteht und ich mir kaum Zeit nahm für Spaß und Vergnügen. Aufgrund dieser Einsichten habe ich dann eine Woche Urlaub geplant. Diese Woche gestaltete ich hauptsächlich nach Gefühl. Ich tat ausschließlich, was mir Spaß machte. Die Symptome verschwanden. Der Elan kehrte zurück.

8.5. Gestalttherapie nach Frederick Perls: Wachse zur Ganzheit!

Der deutsch-jüdische Arzt und Psychoanalytiker *Frederick „Fritz" Perls* (1893–1970) emigrierte im Dritten Reich in die USA und entwickelte dort zusammen mit seiner Frau Lore Perls und Paul Goodmann ein neues therapeutisches Verfahren: die Gestalttherapie. Existenzialismus und vor allem die Phänomenologie (*Edmund Husserl*), eine bedeutsame philosophische Strömung Anfang des 20. Jahrhunderts, standen *Perls* Pate bei der Entfaltung seines Konzeptes einer erlebnis- und emotionszentrierten Psychotherapie.

In seiner Arbeit an und mit Träumen vertrat er die Ansicht, dass das unmittelbare Erleben des Trauminhaltes dem Träumer die Botschaft des Traumes am besten vermittelt. *Perls* verstand die Elemente eines Traumes als nicht gelebte und verdrängte Persönlichkeitsanteile. Für *Perls* zeigt sich im Traum vor allem das, was der Träumer in seinem Alltag zu leben vermeidet. „Ich glaube, dass wir im Traum eine klare existenzielle Botschaft dessen haben, was in unserem Leben fehlt, was wir zu tun und zu leben vermeiden."[57]

Diese verdrängten Wesenszüge können am besten wieder in das bewusste Leben hineingenommen werden, wenn der Träumer sich mit ihnen voll identifiziert und sich auf diese Weise ihre verborgenen Inhalte zu eigen macht.

Der Traum soll seine Kraft entfalten und so das Leben korrigieren und erweitern. Jede Person, Einzelheit, Stimmung, jedes Objekt verkörpert ein Teil des Selbst, vor allem die unvereinbaren und sich widersprechenden Seiten, die das Ich bisher verleugnet oder vermieden hat. Gerade diese verleugneten Teile projiziert das Ich und nimmt es nicht als einen Teil von sich selbst wahr.

Im Bild ausgedrückt: Der Traum fungiert als eine Leinwand, auf dem das Dia (Trauminhalt) erst sichtbar wird. Aber das Bild, wie jeder weiß, „hängt" natürlich nicht an der Wand, sondern steckt im Projektor (= Ich/Selbst).

Die Arbeit mit dem Traum möchte diese Projektionen auflösen. Das Ich soll wieder heimholen, was verloren ging. Dazu sind folgende vier Punkte dieses Prozesses erforderlich:

1. Identifikation
2. Ausspielen
3. Auseinandersetzen
4. Integrieren

Durch die Identifikation *erfährt* der Träumer den aktuellen und lebensgeschichtlichen Zusammenhang, der den Traumgestalten innewohnt. Er kommt in Kontakt mit seinen wahren Bedürfnissen und erkennt, welche „Spielchen" und Vermeidungsstrategien er in seiner Alltagskommunikation anwendet. Es muss erst einmal geklärt werden, in welchem Zusammenhang dieser projizierte Teil des Selbst steht.

Das geschieht durch Identifikation. Der Träumer erlebt, dass *er* z. B. der Baum in seinem Traum *ist* – und zu einem anderen Traumelement spricht, z. B. dem Auto, das ihn angefahren hat. Ein Beispiel gestalttherapeutischer Traumarbeit findet sich in Kapitel 2.6. Psychodramatische Techniken kommen zum Einsatz. Die Traumszene wird nachgespielt. Im Spiel macht der Träumer eine Erfahrung mit sich selbst. Sein Erleben vermittelt einen sehr direkten Zugang zu Themen und Botschaften des Traumes.

Es wird nicht *über* den Traum gesprochen, sich Gedanken gemacht, sondern es geschieht etwas. In diesem Geschehen werden die Blockaden erlebt, die dazu geführt haben, eben jene Teile der Persönlichkeit nicht zu leben. Häufig hat das mit Angst oder Misstrauen aufgrund von Verletzungen zu tun. Zuweilen hat es auch im Laufe der Lebensgeschichte an Bedingungen und Unterstützung gefehlt, das persönliche Potenzial zu entfalten.

Beim nächsten Schritt findet eine Auseinandersetzung statt. Ebenso wie wir uns im Alltag mit Menschen, Problemen und Dingen auseinandersetzen, geschieht das auch in der Traumarbeit. Leben ist wesentlich ein Erleben von Kontakt und Berührung. Im Alltag sind wir im Kontakt mit der Mitwelt.

Wir „nähren" uns in zwischenmenschlichen Begegnungen und „geben anderen seelische Nahrung" durch unterschiedliche Formen von Kontakt. Dabei differenzieren wir zwischen dem, was wir einander geben und voneinander empfangen. Soll das gelingen, müssen wir uns mit anderen auseinandersetzen. Dieser alltägliche Vorgang findet nun auch in der Traumarbeit statt. Der Träumer kann jeder Traumgestalt begegnen: jeder Person, jedem Ding, jeder Stimmung.

Schließlich führt diese Wiederaneignung dazu, den Träumer seelisch zu stärken. Was er wieder integriert hat, macht ihn stark. Es steht ihm als seelische Kompetenz im Lebensvollzug zur Verfügung. Es ist wieder ein Stück „ganz" geworden. Gestalttherapeutische Traumarbeit ist wesentlich Selbsterfahrung im Dienst seelischer Gesundheit, Stabilität und Reifung.

Über diese bisher erwähnten vier Aspekte hinaus gibt es noch ein weiteres für die Gestalttherapie typisches Moment. Es besteht in der Unterscheidung zwischen dem sogenannten Vordergrund und Hintergrund.

Der ganze Traum als eine eben ganz eigene Gestalt tritt aus dem Lebenszusammenhang des Träumers heraus und stellt sich in den Vordergrund der Wahrnehmung. Er hebt sich von der gegenwärtigen Lebenssituation ab und fordert Aufmerksamkeit. Er schiebt sich in den Vordergrund. Es ist nicht von ungefähr, dass gerade dieser Traum zum gegenwärtigen Zeitpunkt erscheint. Wie aber ist der Zusammenhang? Was ist sein Hintergrund, von dem sich der Traum (= Gestalt) abhebt?

Diese Unterscheidung kann man auch innerhalb des Traumes vornehmen. In der Erinnerung und Erzählung des Traumes stehen bestimmte Elemente im Vordergrund, andere mehr im Hintergrund der Aufmerksamkeit. Zuweilen scheint es sinnvoll, mit dem jeweils Vordergründigen zu arbeiten. Ebenso sinnvoll kann es sein, die Aufmerksamkeit auf das zu richten, was von sich aus kaum das Interesse des Träumers fesselt.

Eine Orientierung, womit gearbeitet werden kann, ergibt sich für den Therapeuten aus der Beobachtung des Träumers, während er seinen Traum erzählt. Körpersprache, Stimmung und Bewegtheit, Atmung und Redefluss, geben wichtige (körpersprachliche) Signale für die Begegnung mit dem Traum. *Perls* vermeidet das Erklären oder gar Deuten eines Traumes. Es lenkt nur vom Wesentlichen ab. Nur im Ausdruck des direkten Erlebens vermittelt der Traum seinen Sinn.

8.6. Deutungsmodelle im Vergleich

Die Unterschiede der vorgestellten psychologischen Richtungen im Umgang mit Träumen mögen noch anschaulicher werden, wenn man ihre typische Sichtweise auf ein und denselben Traum anwendet: Zu welchen Ergebnissen würde die psychoanalytische, die individualpsychologische, die analytisch-psychologische usw. Betrachtung desselben Traumes kommen?

Der folgende Auszug eines Traumes eignet sich meines Erachtens für einen Vergleich der verschiedenen Deutungsmodelle. Er wurde von einem Theologen geträumt, der sich in der Krise der Lebensmitte befindet.[58]

„Neben der Kanzel meiner Kirche besteht ein tiefer Schacht, wie ein Brunnen, der in die Tiefe führt. In der Erdhöhe ist der Brunnen zugefroren. Mein Sohn wirft von der Kanzel aus einen mannshohen Pfahl in den Schacht, um das Eis zu durchbrechen. Dumpf erschallt das Echo, als der Pfahl schließlich die tiefer liegenden Wasser erreicht. Es bröckelt immer mehr Eis an dem durchstoßenen Loch ab. Mein Sohn betritt die Eisfläche am Rande des Brunnens. Ich habe Angst, dass er in das Loch fällt."

Freud: Im Traum meldet sich der durch die religiöse Tätigkeit unterdrückte Wunsch des Träumers nach sexueller Erfahrung. Was dem Erwachsenen aus moralischen Gründen verboten ist, ist dem Kind in ihm, den infantilen Kräften, erlaubt. Sie erinnern ihn an sein Bedürfnis und unterstützten ihn bei der Erfüllung. Die Verschiebung auf den eigenen Sohn macht deutlich, dass er sich selbst noch nicht traut, seine sexuellen Wünsche genügend ernst zu nehmen. Seine Angst, von dem Weiblichen „verschlungen" zu werden, ist noch sehr groß.

Adler: Um seine Interessen durchzusetzen, bedient sich der Träumer infantiler Verhaltensweisen. Er versucht mit Gewalt, seine Ziele zu erreichen. Die aggressiven Impulse kann er aber in seinem Berufsalltag (Kirche, Kanzel) nicht direkt ausleben. Er delegiert sie an andere, von denen er Unterstützung erhält.

Jung: Die verdrängte Tiefe der Seele meldet sich in der Traumgestalt des Brunnens und will die rationale Seite der Religion (Kanzel, Rede) beim Träumer ergänzen. Im Sinne der Selbstwerdung weist der Traum den Weg in die Begegnung mit einer tieferen Quelle der Spiritualität, die bisher unzugänglich und „zugefroren" blieb. Der Traum zeigt den Archetypus der Ganzheit. Es geht um die Ergänzung des Rationalen durch das Irrationale. *Helmut Hark* schreibt dazu: „In der Traumsymbolik wird mit dem Brunnen der Zugang zum Unbewussten angezeigt. Während sich das Ich-Bewusstsein dieses Träumers durch die Predigttätigkeit stark mit der Kanzel identifizierte, kompensiert die Psyche des Träumers diese Haltung mit der Symbolik des Brunnens. (…) Zahlreiche Mythen künden davon, dass an einer Quelle oder Brunnen Weissagung ausgeübt wurde. (…) Der im Traum erscheinende Sohn wird subjektstufig als ein bewusstwerdender Persönlichkeitsanteil im Träumer gedeutet. Mit dem Motiv des zugefrorenen Brunnens wird die starre Bewusstseinshaltung des Träumers angezeigt, die von der inspirierenden Seelentiefe abgeschnitten war." [59]

Boss: Die Traummeditation führt den Theologen zu der Einsicht, dass in seiner Kirche eine Spiritualität verborgen ist, nach der ein Teil von ihm sich sehnt. Diese Seite lebte bisher unerkannt im Untergrund. Er merkt, dass er seine Lebenskrise nur dann bewältigt, wenn er sich auf diese Seite seiner Persönlichkeit einlässt. Seine Emotionalität (inneres Kind, Sohn) wird ihn dabei unterstützen. Dazu muss er die Verkrustungen, die er in seiner Kirche und ihrer Theologie erlebt, aufbrechen, was in die Konfrontation und zu Konflikten führen wird. Sie machen ihm auch Angst. Der Zugang zu der Quelle lebendigen Wassers, das ihm in dem Brunnen begegnet und in ihm sprudelt, ist der Lohn seiner Mühe. Der Abschied von einer oberflächlichen Frömmigkeit, die sich eiskalt präsentiert, ist im Traum schon angedeutet.

Perls: Der Traum zeigt abgespaltene Persönlichkeitsanteile. Nacheinander identifiziert sich der Träumer mit den Traumgestalten und erlebt dabei ihre emotionale Kraft. Er kommt in Kontakt mit seiner Lebendigkeit, die tief in ihm unter der Eisdecke schlummert. Den Zugang vermittelt ihm das „innere Kind", der Sohn. Dabei spürt er auch die aggressive Energie, die ihm hilft, zu seiner Lebendigkeit und Emotionalität vorzudringen. Der Traum ermutigt den Theologen, seine emotionale Seite in seinem Dienst, vor allem in Kontakt mit den Menschen, die ihm anvertraut sind, zu leben. Und er ist bereit, die Angst, dabei unterzugehen, auszuhalten. Zu seinem Traum fällt ihm die Speisung der Fünftausend nach dem Johannesevangelium[60] ein. Jesus bedient sich der fünf Gerstenbrote und der zwei Fische, die ein Kind bereitstellt, und alle werden satt. Der Träumer fühlt sich durch diesen biblischen Bezug ermutigt, seine Gefühle in seine Begegnung mit Menschen, vor allem auf der Kanzel, mehr einzubeziehen.

Schlussbemerkung

Wer also hat nun das richtige, zutreffende Verständnis des Traumes? Mit welcher Deutungsmethode wird ein Traum richtig verstanden und zutreffend gedeutet? Dazu fällt mir eine Parabel ein, in der ein Inder fünf Blindgeborene auffordert, ihm einen Elefanten zu beschreiben. Er stellt einen Elefanten in ihre Mitte. Der erste umfasst ein Bein und sagt: „Der Elefant ist wie ein Baum." Der zweite ergreift den Schwanz und gibt seine Erkenntnis preis: „Der Elefant ist wie ein Pinsel." Wieder ein anderer fühlt den um seinen Hals geschlungenen Rüssel und stöhnt: „Der Elefant ist wie eine Schlange!" Der vierte bekennt, an den Bauch des Elefanten gelehnt: „Der Elefant ist wie eine Wand." Der fünfte schließlich bekommt ein Ohr zu fassen und ruft: „Der Elefant ist wie ein großes Blatt!"

Wer hat den Elefanten zutreffend beschrieben? Die Antwort ist einfach. Jeder hat etwas Richtiges erkannt. Die gewonnene Erkenntnis für die ganze oder gar einzig richtige Wahrheit zu halten, wäre aber töricht. Sowohl dem Träumer wie dem Therapeuten bleiben die Aufgabe und die Verantwortung, einen Weg zum Traumverständnis zu wählen, der ihnen jeweils selbst entspricht.

Schlusswort: Neues wagen

Wird das Leben als Christ nun noch komplizierter? So mag sich der eine oder andere Leser zum Schluss fragen. Muss ich neben dem Hören auf Gott in Bibellese, Predigt und Hauskreisgespräch einerseits und Mitarbeit in der Gemeinde sowie missionarischem Engagement andererseits nun auch noch auf meine Träume achten?

Und – ist das nicht auch gefährlich, sich so mit dem Unbewussten zu beschäftigen? Begegnen mir in meinen Träumen nicht doch Abgründe, deren Kenntnis mich eigentlich nur belastet, mir die Lebensfreude verdirbt und mich von wichtigeren Dingen abhält? Kreise ich dabei schließlich doch zu viel um mich selbst?

Wieder andere befürchten, in falsche Hände zu geraten, wenn sie bei Therapeuten Hilfe und Unterstützung suchen, um ihre Träume zu verstehen. So viele verschiedene Helfer und Heiler beschäftigen sich mit der Seele und ihren Bildern. Kann ich mich bedenkenlos in jedes Traumseminar begeben oder muss ich sehr genau und behutsam auswählen? Wie erkenne ich seriöse und hilfreiche Wege und wo gerate ich in den Dunstkreis esoterischer Angebote?

Es gibt zwei wichtige Kriterien, die vielleicht weiterhelfen können.

1. Die Unterscheidung zwischen Heil und Heilung. Wo eine therapeutische Methode mit dem Anspruch auftritt, dass nur ein bestimmter Lebensweg beschritten werden soll, oder dazu einlädt, sich einer bestimmten Art und Weise des Denkens und Fühlens hinzugeben, überfordert sie sich selbst. Die geforderte Übernahme eines bestimmten Weltbildes oder einer Lebensphilosophie macht die Sache suspekt. Heilung präsentiert sich dann als Heilsweg und es ist Gefahr im Vollzug.

Manchmal gehen Angebote zur Selbsterfahrung und Lebenshilfe mit Heils- und übersteigerten Glücksversprechungen einher. Wer hier auf Nummer sicher gehen will, muss sich Hintergrundinformationen zu Seminarausschreibungen und den Veranstaltern von Traumseminaren beschaffen. Das ist per Internet kein großes Problem.

Es geht bei der Beschäftigung mit Traum und Träumen aus meiner Sicht nicht um einen Heilsweg oder das Glück des Menschen, sondern um Lebensgestaltung und Lebensbewältigung und um einen gesunden, lebensfördernden Umgang mit sich und mit anderen.

2. Die Zuordnung von Seminarangeboten zu psychologischen Schulen trägt ebenfalls zur Klarheit bei. Die Anbieter sollten sich danach fragen lassen, welchen psychologischen Ansatz sie vertreten und wo sie ihre Ausbildung absolviert bzw. ihre Qualifikation und Kompetenz erworben haben. Erhält man hier keine klare und verständliche Auskunft, scheint es angezeigt, Abstand zu nehmen. Ich möchte ausdrücklich dazu ermutigen, solche Informationsfragen zu stellen, um sich Klarheit zu verschaffen.

Eine erste Orientierungshilfe sollte das 8. Kapitel leisten. Darüber hinaus ist gut zu wissen, welche Therapieformen unter der Bezeichnung „Humanistische Psychologie" zusammengefasst sind. Die folgenden dreizehn, in alphabetischer Reihenfolge genannten Richtungen gelten als wissenschaftlich anerkannte Verfahren moderner Psychotherapie: Analytische Psychologie, Bioenergetik, Existenzialpsychologisch-Meditative Therapie, Individualpsychologie, Familientherapie, Gesprächspsychotherapie, Gestalttherapie/Integrative Therapie, Kognitive Verhaltenstherapie, Logotherapie, Psychoanalyse, Psychodrama, Therapeutische Wohngemeinschaften, Transaktionsanalyse[61].

Vielleicht bleibt dennoch ein Rest Angst davor, sich Hilfe und Unterstützung bei der Auseinandersetzung mit seinen Träumen zu holen. Manchmal ist es einfach die Angst vor dem Fremden in uns selbst, das uns in unseren Träumen begegnet, das wir nicht kennen und uns deshalb Angst macht. Und zuweilen ist es auch die Angst davor, etwas Neues und Ungewohntes zu wagen: einen Blick in das

Spiegelbild des Traumes zu werfen, um mir mein fremdes Gesicht vertraut zu machen und zu entdecken, wie ich bin und sein kann.

Die Begegnung mit dem Fremden außerhalb von uns oder in uns selbst ist für eine gesunde seelische Entwicklung nötig. Sie gehört zur Urerfahrung unseres Lebens. Leben gelingt, wenn auch Fremdes integriert wird. Schon die bio-physische Lebenserhaltung vermittelt dieses Lebensprinzip. Ohne Aufnahme von verdaulichen Fremdstoffen (Nahrung) kann der Organismus nicht existieren. Dasselbe Prinzip wirkt bei der Aufnahme „seelischer" Nahrung. Sinne werden durch „fremde" Reize angeregt und ihre Inhalte verinnerlicht oder verworfen. Dabei ist das Maß dessen, was eine Person sowie ein soziales System an Fremdem aufnehmen kann, unterschiedlich und auch begrenzt.[62] Wie in vielen Lebensbereichen, so kommt es auch hier auf das rechte Maß an und auf das Zumutbare.

Das erinnert mich an die Geschichte jenes Mannes[63], den Jesus fragt: Willst du gesund werden? Mit dieser Frage weckt Jesus in ihm die Bereitschaft, Vertrautes aufzugeben und sich auf etwas Neues einzulassen. Viele Jahre hat sich der Angesprochene auf eine Lebensweise festgelegt, im ganz praktischen Sinn des Wortes. Er liegt gelähmt da und hofft, dass jemand sein Leben ändert. Obwohl er über eine lange Zeit immer wieder dieselbe vertraute Erfahrung macht, dass ihm nämlich niemand hilft, bleibt er bei seiner Haltung, innerlich wie äußerlich. Dann kommt Jesus und mutet ihm etwas zu, das ihm völlig fremd und total ungewohnt ist: aufzustehen und diesen Ort zu verlassen. Jesus sagt ihm: Steh auf und geh!

Vielleicht, so scheint mir, ist der Ruf Jesu am deutlichsten in den Momenten, in denen mir das, was jetzt dran ist, fremd vorkommt. Es könnte sein, dass er mich dann am deutlichsten herausfordert, wenn ich versuche, das Neue und für mich Fremde zu wagen.

Gewiss ist er uns dann ganz nahe, wenn wir die Angst vor uns selbst spüren, auch vor den Träumen der Nacht. Veränderung geht aber oft an der Angst entlang. Sich zu verändern heißt, sich auf Fremdes und Ungewohntes einzulassen. Unsere Träume liefern dazu wichtige Impulse. Traumbegegnungen sind Schritte auf dem Weg der Veränderung.

Träume bereichern und fördern zweifellos unser Leben und unseren Glauben. Sie unterstützen uns dabei, in Übereinstimmung mit uns selbst zu kommen, ganzheitlicher, heilvoller, gelingender zu leben. Ich wünsche allen, die sich auf den Weg machen, ein gutes Gelingen. Ich wünsche ihnen, dass sie ihre Träume verstehen, damit sie zu den Menschen werden, wie Gott sie gemeint hat.

Anhänge

Anhang 1 Der Traum als diagnostisches Mittel in der Seelsorge

Seelsorge ist die professionelle oder ehrenamtliche Teilnahme an der Sorge Gottes um den Menschen als Seele in aufmerksamer Zuwendung mit dem Ziel, Lebensgewissheit zu fördern. In seiner Sorge um den Menschen benutzt Gott auch das Schlafträumen. *„Im Traum, im Nachtgesicht, wenn der Schlaf auf die Menschen fällt, wenn sie schlafen auf dem Bett, da öffnet er das Ohr der Menschen und schreckt sie auf und warnt sie, damit er den Menschen von seinem Vorhaben abwende und von ihm die Hoffart tilge und bewahre seine Seele vor dem Verderben und sein Leben vor des Todes Geschoss"* (Hiob 33, 15–18). Daher ist das Traumerleben für die Seelsorge ebenfalls von Bedeutung.

Für träumende Menschen, von denen die Bibel berichtet, gehörte die Beachtung der Traumrealität zur Gotteserfahrung und zur Lebensgestaltung. Insbesondere in Umbruchs- und Krisenzeiten erlebten sie Träume als richtungs- und zukunftsweisende Impulse von Gott (siehe 1. Mose 28,10–12.16.17; 1. Mose 37,5–7; Matthäus 1,2–24; 2,12). Da im Traum verschiedene Persönlichkeitsanteile des Träumenden in Traumgestalten miteinander in einen Dialog treten, besitzt ihre Wahrnehmung und Beachtung für den Seelsorgenden eine besondere, vor allem diagnostische Relevanz.

Im Traum zeigt sich, wie Träumende ihr Leben erleben und wie sie mit den Menschen und sich selbst umgehen. In der seelsorglichen Arbeit sind zwei Arten von Träumen m. E. besonders relevant: Albträume und so genannte Wiederholungsträume. Sie vermitteln

Einblick in unbewusste und ungelöste Lebenskonflikte und fördern ihre entlastende und heilende Bearbeitung.

Albträume: Träume entwickeln eine Dynamik, die sich – ähnlich dem antiken Theater – in vier Schritte unterteilen lässt (vgl. oben Punkt 1.3). Im ersten Schritt entsteht das Bühnenbild. Die Traumelemente versammeln sich zu einer Szene. Im zweiten Schritt kommt Bewegung auf. Traumgestalten kommunizieren miteinander und entwickeln dabei eine Dynamik, die auf einen dritten Schritt, den sogenannten Höhepunkt, zuläuft. Im vierten und letzten Schritt kommt es zu einer abschließenden und entspannenden Lösung. Für den Albtraum ist typisch, dass dieser vierte Schritt fehlt, weil der Traum am Höhepunkt, bei Schritt drei, abbricht. Die Seele hat von sich aus nicht die Kraft, eine Lösung zu schaffen und ‚beauftragt' so den Träumenden, selbst nach einer Lösung zu suchen. Der Albtraum weist auf einen gravierenden seelischen Konflikt hin, bei dem Persönlichkeitsanteile gegeneinander streiten. Möglicherweise handelt es sich auch um unverarbeitete Erlebnisse aus der jüngeren oder älteren Vergangenheit. Um welchen Konflikt, welche Beziehung und um welches biografische Ereignis es dabei geht, kann nun im seelsorglichen Gespräch weiter herausgearbeitet werden.

Ein alleinstehender Mann mittleren Alters erzählt im seelsorglichen Gespräch folgenden Traum: *„Ich gehe allein im Wald spazieren, als plötzlich ein riesengroßer blauer Felsbrocken seitwärts auf mich zurollt. Ich kann ihm nicht ausweichen, da ich nicht von der Stelle komme. Meine Beine kleben am Boden fest. Bevor er mich erschlägt, wache ich schweißgebadet auf."* Auf die Nachfrage, woran ihn die Farbe Blau erinnert, fällt ihm nach einigem Zögern ein, dass seine Mutter oft blaue Kleidung getragen hatte, als er im Teeniealter war. So gelangt er zu der Erkenntnis, dass etwas existentiell Bedrohliches, ja Vernichtendes von seiner Mutter ausging, und – so fügt er hinzu – immer noch ausgeht. In ihrer Nähe kann er nicht er selbst sein.

Das seelsorgliche Thema, auf das der Traum hinweist, ist die innere Abgrenzung und Distanzierung gegenüber der mütterlichen verletzenden und übergriffigen Weiblichkeit. Die seelsorgliche Begleitung kann hier unterstützen und ermutigen, den mütterlich übersetzten Seelenteil wieder zurückzuerobern und so den eigenen Lebensweg gewisser und angstfreier fortzusetzen.

Wiederholungsträume: Wiederholungsträume sind Träume, die in Abständen von Wochen oder Monaten, manchmal auch nach Jahren öfter wiederkehren. Dabei können sich die Gestalten bzw. Gegenstände, die im Traum vorkommen, verändern oder wechseln. Das Thema des Traumes aber bleibt immer dasselbe und wiederholt sich in unterschiedlichen Szenen. Auch Wiederholungsträume weisen Träumende auf Unerledigtes aus ihrer Vergangenheit hin, das im gegenwärtigen Leben noch wirksam ist. Es sollte längst erledigt sein, damit die Lebendigkeit und Entwicklung nicht weiter eingeschränkt wird. In Wiederholungsträumen zeigen sich die Lebensthemen wie z. B. Abgrenzung, Nähe und Distanz, Suche nach Geborgenheit, Einsamkeit, Verletzung und Heilung, seinen Platz finden etc.

Eine 57-jährige Verwaltungsangestellte und Krimileserin kommt in die Seelsorge, weil sie immer wieder fast ähnliche Träume hat und sie verstehen möchte, was diese ihr sagen wollen. Sie berichtet, dass sie im Traum Menschen umbringt, mal mit einer Pistole, mal mit einem Messer und auch schon mit Gift. Die Menschen sind immer wesentlich älter als sie selbst und männlich, aber die Umgebung des „Tatortes" ist immer anders. Sie erschrickt vor ihrer eigenen Grausamkeit und möchte wissen, was mit ihr los ist. Sie hat schon selbst darüber nachgedacht, ob der Traum etwas mit ihrem Vater zu tun haben könnte.

Sie besucht ihn mehrmals in der Woche im Altenheim und hat jedes Mal auf der Rückfahrt in ihre Wohnung ein schlechtes Gewissen, dass sie schon nach anderthalb Stunden wieder gegangen ist. Sie braucht aber auch Zeit zur Erholung, da sie ihr Beruf zunehmend anstrengt. Als Christin fühlt sie sich verpflichtet, ihren einsamen Vater so häufig zu besuchen. Es heißt ja schließlich in den 10 Geboten, man soll Vater und Mutter ehren.

Das hohe Aggressionspotential im Traum zeigt, dass die nötige Abgrenzung gegenüber dem Vater bisher nicht gelungen ist. Die Erkenntnis, dass das Eltern-Ehre-Gebot nicht von Liebe spricht,[64] sondern lediglich von einer materiellen Versorgung,[65] half dieser Frau, ihren Vater ohne ein schlechtes Gewissen und stattdessen mit einem echten Interesse an seinem Ergehen zweimal die Woche zu besuchen. Die Qualität dieser Begegnungen war nun eine ganz andere, wie man sich leicht vorstellen kann.

Anhang 2 Träume und Visionen – Gemeinsamkeiten und Unterschiede

Zunächst sei auf die Gemeinsamkeiten zwischen Träumen und Visionen hingewiesen. Beide Erscheinungen sind Aktivitäten des „fantasmatischen Leibes" (*Petzold*) bzw. der Fantasie. Das menschliche Gehirn besitzt die Fähigkeit, sich gedanklich etwas vorzustellen, (Fantasie-)ikonenhafte Bilder und bewegte Szenen zu erschaffen, die erinnert, gespeichert und kommuniziert werden können. Sie sind Objekte der Wahrnehmung und eben dadurch auch eine erfahrbare Wirklichkeit (Ebene der Vergegenwärtigung, Kap. 4), die sich aber von der (materiellen) Realität unterscheidet. Man könnte sie eine transmaterielle Wirklichkeit nennen, da die materielle Realität das Bildmaterial liefert, das Träume kreativ zu emotionalen Collagen gestaltet.

Visionen bzw. das „… visionäre ‚Sehen' ist ein bildhaftes, anschauliches Wahrnehmen von Gegenständen oder Vorgängen, die nicht in der unmittelbar sinnfälligen Wirklichkeit, sondern in einer optischen Erscheinungsweise gegeben sind. Meistens treten zugleich entsprechende akustische Repräsentationen auf, mitunter auch solche der übrigen Sinnesgebiete. Solche Erlebniseinheiten werden Visionen genannt"[66]. Träume und Visionen sind visuelle

Erscheinungen, die als solche vom Bewusstsein wahrgenommen (Vision) bzw. im Wachzustand erinnert werden können (Traum). Nun zu den Unterschieden. Bei den Visionen, von denen hier die Rede ist, handelt es sich nicht um Vorstellungen und Bilder, die sich jemand z. B. von seiner persönlichen beruflichen Zukunft macht, sondern um göttlich bewirkte, spirituelle Eingebungen. Solche finden sich in der für den christlichen Glauben relevanten Bibel. Beispiele dafür sind u. a. die apokalyptischen Visionen der Propheten im Alten Testament (Daniel 7–8, Hesekiel 37–38.40–44) und die Offenbarung des Johannes im Neuen Testament. Die Apokalyptik als eine eigene literarische Gattung sowohl in den biblischen als auch Bibel nahen, sogenannten apokryphen Schriften geht davon aus, dass die Geschehnisse auf der Erde von Vorgängen und Handlungen gesteuert werden, die sich im Himmel zutragen.[67] Das lässt sich von Träumen so nicht behaupten.

Ein weiterer, grundsätzlicher Unterschied besteht darin, dass Schlafträume, wie der Begriff schon sagt, im Schlaf erlebt werden, also unbewusst, während bei den Visionen das Wachbewusstsein aktiv ist. Letzteres findet auch bei den sogenannten Tag- und Zukunftsträumen statt, um die es aber in diesem Buch wie auch an dieser Stelle hier nicht geht.

Der wesentliche Unterschied zwischen Träumen und Visionen besteht in dem Adressaten ihrer Botschaften. Die Botschaft des Traumes richtet sich in der Regel an den Träumenden bzw. die Träumende selbst. Die Botschaft der Visionen, vor allem der biblischen, richtet sich an andere Menschen, an bestimmte Adressaten. Eine Ausnahme davon bilden die Initiationsvisionen im Alten Testament (Amos 7–9; Jesaja 6; Jeremia 1,11 ff.: Hesekiel 1), und im Neuen Testament trifft die Ausnahme auf Erleben des in Verzückung geratenen Apostels Petrus (Apostelgeschichte 10,10–16) zu. Durch das, was er schaut (*gr. theoreo,* θεωρέω = betrachten, verstehen)[68], will Gott vor allem ihm selbst etwas sagen. Allerdings profitierte eine bestimmte Zielgruppe von den Einsichten, die er durch die Schau gewonnen hatte. Dass Visionen vor allem Botschaften an bestimmte Adressaten enthalten, ist sehr deutlich bei den vielen Visionen, die Johannes, der Verfasser der Offenbarung, einst in seiner Verbannung auf der Insel Patmos sieht. Ihre tröstende Botschaft ist zunächst für die damaligen christlichen Gemeinden in sieben verschiedenen Städten der vorderasiatischen Provinz des Römischen Reiches bestimmt. Sie helfen den Lesern und Hörern seiner Zeit, ihre gegenwärtigen zum Teil schrecklichen Erlebnisse einzuordnen und aus einer himmlischen Perspektive zu betrachten. Diese Visionen haben darüber hinaus auch eine prophetische Botschaft für alle kommenden Generationen der Kirche Jesu Christi im Blick auf die Zukunft der Menschheit und im Blick auf die Erwartung eines neuen Himmels und einer neuen Erde als ihre ewige Heimat bei Gott (Offenbarung, Kapitel 21).

Literaturliste

Lexika

Arnold, W., Eysenck, H. J., Meili, R., Lexikon der Psychologie. Freiburg 1987.
Bauer, W., Griechisch-Deutsches Wörterbuch zu den Schriften des Neuen Testamentes und der übrigen urchristlichen Literatur. Berlin 1971.
Bayer, H. E., Theologisches Begriffslexikon zum Neuen Testament, 1. Sonderauflage, Wuppertal 2005.
Buess, E., Symbol, S. 1 ff. Digitale Bibliothek, Band 12: Religion in Geschichte und Gegenwart, S. 31949 (vgl. RGG, Bd. 6, S. 540 ff.) © J.C.B. Mohr (Paul Siebeck).
Ehrlich, E. L., Traum, S. 1 ff. Digitale Bibliothek, Band 12: Religion in Geschichte und Gegenwart, S. 33441 (vgl. RGG, Bd. 6, S. 1004 ff.) © J.C.B. Mohr (Paul Siebeck).
Gese, H., Weisheit, S. 1 ff. Digitale Bibliothek, Band 12: Religion in Geschichte und Gegenwart, S. 35294 (vgl. RGG, Bd. 6, S. 1574 ff.) © J.C.B. Mohr (Paul Siebeck).
Jenni, E., Westermann, C., Theologisches Handwörterbuch zum Alten Testament (THAT), München 1978[3].
Kuhl, C., Hiobbuch S. 1 ff. Digitale Bibliothek, Band 12: Religion in Geschichte und Gegenwart, S. 13979 (vgl. RGG, Bd. 6, S. 358 ff.) © J.C.B. Mohr (Paul Siebeck).
Seierstad, I. P., Evangelisches Kirchen Lexikon, (EKL) 2. unveränderte Auflage, Bd. 3, Göttingen 1961, Sp. 1666.

Theologie

Horst, F., Biblischer Kommentar: Altes Testament, Band XVI / 2, Hiob 19,1–42,17, Neukirchen-Vluyn 2000.
Jungbauer, H., Ehre Vater und Mutter, Tübingen 2002.
Kariniemi, O., Rantanen, P., Raamatun Juhlakalenteri ja Johanneksen Ilmestys, Helsinki 2022, S. 26.
von Rad, G., Weisheit in Israel. Neukirchen-Vluyn 1982[2].
von Rad, G., Theologie des Alten Testaments, Band I, München 1987.
Weber, O., Bibelkunde des Alten Testaments, Bielefeld 1983[12].

Westermann, C., Biblischer Kommentar: Altes Testament, Band I / 2 Genesis 12–36, S. 550–561, VIII Neukirchen-Vluyn 1981.

Pastoralpsychologie

Hark, H., Der Traum als Gottes vergessene Sprache. Symbolpsychologische Deutung biblischer und heutiger Träume. Freiburg 1993.
Keintzel, R. in: *Spiegel, Y.,* (Hg.), Doppeldeutlich. Tiefendimension biblischer Texte. München 1978, S. 101–110.
Martin, G. M. in: *Spiegel, Y.,* (Hg.), Doppeldeutlich. Tiefendimension biblischer Texte. München 1978, S. 111–120.
Morgenthaler, C., Der religiöse Traum: Erfahrung und Deutung. Stuttgart 1992.
Riess, G., Träume – eine Quelle religiöser Erfahrung, in: Pastoraltheologie 76 / 1987, S. 348–363.
Sieg, R., „Gott ist mir näher, als ich mir selbst bin". Theologie und analytische Psychologie, in: Wege zum Menschen, 40. Jg., S. 352–357.
Stollberg, D., Wünsche – Ängste – Offenbarungen? Zu Phänomenologie, Interpretation und Problematik „religiöser" Träume, in: Pastoraltheologie 76 / 1987, S. 377–390.
Wittmann, D., Der Traum als Weg religiöser Erfahrung. Aspekte der Gotteserfahrung, in: Pastoraltheologie 76 / 1987, S. 348–363.
Stenger, H., Umgang mit Erfahrungen im seelsorglichen Gespräch, in: *Scharfenberg, J.*, (Hrsg.), Freiheit und Methode. Wege christlicher Einzelseelsorge. Göttingen 1979.

Psychologie

Beyer, U., Ich denke, aber wer bin ich? Auf der Suche nach dem Selbst im westlichen und fernöstlichen Denken. Cuxhaven 1996.
Bünte-Ludwig, C., Gestalttherapie – Integrative Therapie, in: Wege zum Menschen, Methoden und Persönlichkeiten moderner Psychotherapie. Bd. I, S. 217–307, Paderborn 1987[4].
Dieckmann, H., Umgang mit Träumen. Stuttgart 1986[4].
Ehrlich, E. L., Traum, S. 7 ff. Digitale Bibliothek, Band 12: Religion in Geschichte und Gegenwart, S. 33441 (vgl. RGG Bd. 6, S. 1004 ff.) © J.C.B. Mohr (Paul Siebeck).
Ermann, M., Die Traumerinnerungen bei Patienten mit psychogenen Schlafstörungen, in: *Bareuter, H.*, Traum und Gedächtnis. Neue Ergebnisse aus psychologischer, psychoanalytischer und neurophysio-

logischer Forschung. 3. Internationale Traumtagung, 16.–18. März 1995, Münster 1995, S. 165–168.
Faraday, A., Deine Träume – Schlüssel zur Selbsterkenntnis. Frankfurt am Main 1993.
Fontana, D., Die geheime Sprache der Träume. München 1996.
Franz, G., Traumarbeit in der Gestalttherapie, in: Integrative Therapie 2/3 (1980), S. 203–221.
Harre, K., Träume weisen dir den Weg. Praxis der Traumdeutung nach C. G. Jung. Freiburg 1981.
Hermes, L., Aphrodites Traum. Traumdeutung in der Antike. Königsförde 2000.
Huber, A., Die Weisheit der Träume, in: Psychologie heute, Jg. 25, Heft 10/98, S. 20–23.
Jaffé, A., Erinnerungen, Träume, Gedanken von C. G. Jung. Olten 1984.
Koukkou-Lehmann, M., Funktionelle Hirnzustände, Gedächtnisfunktionen, und die psychobiologische Signifikanz des Schlafes und des Träumens, in: *Bareuter, H.*, Traum und Gedächtnis. Neue Ergebnisse aus psychologischer, psychoanalytischer und neurophysiologischer Forschung. 3. Internationale Traumtagung, 16.–18. März 1995, Münster 1995, S. 97–122.
Pereira, P., Tiefenpsychologische und phänomenologische Theorien des Traumes und seiner Deutung. Zürich 1990.
Petzold, H. G., Theorie und Praxis der Traumarbeit in der Integrativen Therapie, in: Integrative Therapie 3/4 (1977), S. 147–175.
Petzold, H. G., (Hg.), Wege zum Menschen, Methoden und Persönlichkeiten moderner Psychotherapie. Bd. I u. II, Junfermann, Paderborn 1987[4].
Petzold, H. G., Integrative Bewegungs- und Leibtherapie. Ein ganzheitlicher Weg leibbezogener Psychotherapie. Ausgewählte Werke Bd. I, 1 und Bd. I, 2, Junfermann, Paderborn, 3. revidierte und überarbeitete Auflage von 1988.
Schredl, M., Personenorientierte Traumarbeit, in: Psychologie heute, Jg. 25, Heft 10/98, S. 20–23.
Wyss, D., Die tiefenpsychologischen Schulen von den Anfängen bis zur Gegenwart. Göttingen 1991[6].

Allgemein

Marti, K., Der Vorsprung Leben. Ausgewählte Gedichte 1959–1987. Frankfurt am Main 1989.
Pascal, B., Über die Religion und über einige andere Gegenstände (Pensées). Übertragen und herausgegeben von *Ewald Wasmuth*. Heidelberg 1978[8].
Solms, M., Effects of brain damage on dreaming, in: *Bareuter, H.,* Traum und Gedächtnis. Neue Ergebnisse aus psychologischer, psychoanalytischer und neurophysiologischer Forschung. 3. Internationale Traumtagung, 16.–18. März 1995, Münster 1995, S. 37–54.

Anmerkungen

1. *Sieg, R.*, in: Wege zum Menschen, 40. Jg., S. 352–357.
2. C. G. Jungs Erfindung der sogenannten Archetypen.
3. Freuds Unterscheidung von latentem und manifestem Trauminhalt.
4. Die symbolpsychologische Deutung bei Hark sowie Keintzel und Martin in: Spiegel, (Hg.), Doppeldeutlich.
5. Lukas 15, 24–32.
6. *Plutarch*, zit. bei *Hermes*, S. 11.
7. *Ehrlich*, RGG.
8. Ebd.
9. *Hermes*, S. 55 f.
10. Die psychologischen Richtungen haben je ihr eigenes Verständnis des Unbewussten hervorgebracht. Darauf einzugehen, scheint mir den Rahmen dieses Buches zu sprengen. Vgl. das sogenannte *Bewusstseinsspektrum* in *Petzold*, Integrative Bewegungs- und Leibtherapie, 1996, S. 278 ff.
11. *Jaffé*, S. 417.
12. Vgl. *Beyer*, S. 111 f.
13. *Hark*, S. 38.
14. *Pascal*, 386, *Wasmuth*, S. 178 f.
15. *Schredl* zit. bei *Huber*, S. 25.
16. *Huber*, S. 22.
17. Aggression / aggressiv, lat. *aggredi* (Verb) und bedeutet: *herangehen, auf etwas zugehen.*
18. *Koukkou-Lehmann*, S. 98.
19. *Koukkou-Lehmann*, S. 114.
20. *Koukkou-Lehmann*, S. 115.
21. *Dieckmann*, S. 11.
22. Elektro-Encephalo-Gramm: medizinisch-technisches Gerät zur Messung der Hirnströme bzw. Hirntätigkeit.
23. *Strauch, I.* u. *Meier, B.* zit. bei Koukkou-Lehmann, S. 116 f.
24. *Fontana*, Anmerkungen, S. 167.
25. *Solms*, in: Traum und Gedächtnis, S. 37–54.
26. *Hall, C. S., 1953*, The meaning of dreams. New York: Harper & Brothers. S. 3, zit. bei *Ermann*, S. 168, Anm. 6.
27. In „Emotion" steckt das englische Wort „*motion*" = Bewegung.
28. *Hermes*, 2000, S. 64.
29. Ebd. S. 76.

30 Ebd. S. 90.
31 Ebd. S. 75.
32 Ebd. S. 127.
33 Ebd. S: 109.
34 Siehe Anfang Kapitel 4.
35 Ausführlicheres bei *Faraday*, 1993, S. 67–83.
36 Vgl. *Schredl*, S. 23.
37 1. Mose 28,10–22.
38 *Westermann*, 1981.
39 Jesaja 40,20; Jeremia 10,9; Hesekiel 27,8.
40 Sprüche 16,18: „Wer zugrunde gehen soll, wird zuvor stolz; und Hochmut kommt vor dem Fall." Sprüche 11,24 ff.: „Einer teilt reichlich aus und hat immer mehr; ein anderer kargt, wo er nicht soll, und wird doch ärmer. Wer reichlich gibt, wird gelabt, und wer reichlich tränkt, der wird auch getränkt werden."
41 Ansätze gab es auch schon in den Sprüchen 3,19 f. und 8: die personifizierte Weisheit als Schöpfungsmittlerin.
42 *Morgenthaler*, 1992.
43 Jesaja 28,26; Jeremia 30,11; 10,24; 46,28.
44 Hebräer 12,6; vgl. 12,5–11; Titus 2,12; 2. Korinther 6,9; 1. Korinther 11,32; Offenbarung 3,19; 2. Timotheus 3,16.
45 *Morgenthaler*, 1992.
46 *Marti, K.*, Der Vorsprung Leben, S. 100.
47 *Morgenthaler*, S. 71.
48 *Riess*, S. 365.
49 Nach *Morgenthaler*, *Wittmann* und *Stollberg*.
50 *Stollberg*, S. 383.
51 *Stollberg*, S. 388.
52 Ebd.
53 *Adler* 1974, S. 227.
54 Ebd., S. 229.
55 *Jaffé* 1984, S. 163.
56 Ebd., S. 164.
57 *Perls* 1974, S. 83.
58 *Hark*, S. 146.
59 Ebd. S. 147 f.
60 Joh. 6,1–13.
61 *Petzold, H. G., (Hg.)*, Wege zum Menschen, Bd. I u. II, 1984.
62 Beispiel: Auf dem Flur eines Studentenwohnheims wohnten 4 ausländische und 6 deutsche Studenten, wobei die deutschen die ausländischen Studenten dabei unterstützten, die deutsche Sprache zu lernen und sich in der deutschen Kultur

zurechtzufinden. Das wurde schwieriger, als das Verhältnis sich auf 50 / 50 veränderte. Eine Integration wurde ganz unmöglich, als 6 ausländische und nur 4 deutsche Studenten den Flur bewohnten. Beide Gruppen blieben mehr unter sich und hatten kaum Kontakt zueinander.
63 Johannes 5,1–16.
64 Das im Eltern-Ehre-Gebot verwendete hebräische Wort „*kabod*" = *schwer sein*, ist kein emotionaler Begriff. Er bedeutet, „einen anderen an seinem Platz in der Gemeinschaft anzuerkennen" (Jenni / Westermann, THAT, Bd. I, Sp. 798).
65 *Jungbauer, H.*, Ehre Vater und Mutter, Tübingen 2002, S. 87.
66 *Seierstad, I. P.*, EKL 2. unveränderte Auflage, Bd. 3, Göttingen 1961, Sp. 1666.
67 *Kariniemi, O., Rantanen, P.*, Raamatun Juhlakalenteri ja Johanneksen Ilmestys, Helsinki 2022, S. 26.
68 *Bayer, H. E.*, Theologisches Begriffslexikon zum Neuen Testament, 1. Sonderauflage, Wuppertal 2005, S. 1648.